中村桂子

今 地球は？ 人類は？ 科学は？

生命誌研究者、半世紀の本の旅

藤原書店

今 地球は？ 人類は？ 科学は？

目次

3　こころを考える

4　ＡＩはあくまでもＡＩである
――知能と言語に見る人間らしさ――

5　生命誌のなかに人類史あり

6　子どもたちへの眼差し

7 こんな切り口が新しい道に続く

今 地球は？ 人類は？ 科学は？

生命誌研究者、半世紀の本の旅

各稿末に［　］で記したものは、初出の掲載情報である。紙誌名を明記していないものは、すべて毎日新聞掲載である。本書への収録にあたり、著者自身が大幅に加筆修正している。

（編集部）

はじめに

社会が大きく変わりつつあると実感する。しかもあまりよくない方向に。

私は、特別のイデオロギーも宗教も持っておらず、正義を振りかざして世直しをしよう、などと考えてもいない。自分が大事だと思うことを仕事として、手づくりの食事を楽しみながら心静かに日常を送れたら幸せなのだ。

ところが、このところ毎日が落ち着かない。まず、日々の天候がおかしい。

日本に生まれてよかったと思うことの一つに、四季の移ろいの楽しみがあるが、最近は変化が急速過ぎて、気分どころか体も戸惑っている。気候変動と呼ばれるこの状況が続けば、戸惑いでは済まず、生態系が壊れ、農林水産業の基盤、つまり日常生活の基盤が崩れる危険性がある。そのなかで、経済活動はこれまた異常と呼びたくなる格差を生み、社会は不安定になり、挙げ句の果てに世界中を巻きこむ戦争の時代に入っている。

これらのいずれも、その原因は現代文明のありようそのものとしか思えないのに、見直しの動きは見られない。このままでは滅亡もそれほど遠くないと思うこともしばしばだ。

それでも人間を信じようと思うのは、心ある人々……権力や金銭よりも、人間として納得の出来る生き方をしようとして日常を大切にしている人々が、身近なところで生活の見直しを始めているからだ。都会を離れて、地に足のついた生活を始めている人も少なくない。権力や経済力で上から社会を動かそうとするのではなく、地域性を活かした日常から文明を見直していく動きであり、生命誌をここに活かしたいと思う。

生命誌という私の仕事……という以上に、私の暮しの基本となっている知は、「私たち人間は生きものであり、自然の一部」という、これ以上あたりまえはないと言える事実を基本に置いている。あたりまえといっても、分子生物学という新しい生物学が二十世紀後半に大きく展開した結果、明らかになった事実をもとにしているのであり、二十一世紀ならではのあたりまえである。すでによく知られているように、生きものは細胞を単位とするシステムとして存在しており、細胞内ではＤＮＡという物質が遺伝子として働いているという事実である。

近年、細胞内のすべてのＤＮＡ（ゲノムと呼ぶ）に書きこまれた歴史を読むことで、生きものの歴史物語を読めるようになった。四〇億年ほど前の地球の海中に存在した、ＤＮＡを遺伝子とする祖先細胞（これがいつ、どこで生まれたかはまだ明らかにされていないが）に始まり、進化の結果、地球が多様な生きもののいる星となってきた歴史を語ることができるようになったのである。私たち人間は、四〇億年の歴史をもつ多様な生きものの一つとして存在しているのであり、ここから見えている人間の本性を活かして、生き方を考える必要がある。

ところで、このような事実を明らかにした「科学」は、生きものだけでなく自然（具体的には宇宙に存在するすべて）を対象にして、それを分析し、法則性を探し、そこから「科学技術」を生み出してきた。この行為は新しい生き方を生む人間らしい活動と言える。問題はこれまでの科学・科学技術が自然を機械とみなし、それを外から操作するという態度で進められていることである。このような科学技術は自然離れした人工世界を創りだし、それを進歩とし、それができていない社会を開発途上と呼んでいる。人間は自然の一部であり、そこから離れていくところに問題があることは明らかであるのに、それに気づいていないのか、それとも気づいていながら安易な道を進んでいるのか。いずれにしても進んでいる道を変えようとはしていない。自然の大きさを頼りに、ただただ利便性を求め、大量のエネルギーを消費する暮しへと向かってきたのが、現代社会の概括である。

最初に述べたように、気候変動など地球からの警告が明確に出されるようになった二十一世紀に入ってからも、そのままそれを続けているのは、人間の愚かさ、傲慢さとしか言いようがないと思うのだが、いかがだろうか。自然が許す限界を越えつつあるのではないかと非常に気になるところだ。

それを感じる二つの事柄をあげる。一つは「人新世」や「脱炭素」という言葉が、何の抵抗もなく語られていることである。温暖化などの気候変動、生物多様性の喪失、核物質の利用による堆積物の変化、人工物質の増大などの人間活動が原因で地球の状態が変化していることを踏まえて、人新世という地質年代をつくろうという動きがある。四六億年の地球の歴史は、決して穏やかなものではない。さまざまな地質年代を見ると、温度一つを見ても大きく動いており、氷結したことさえある。しかし、それは百万年を単位とする長い時間での動きだ。そのなかの事件としては、隕石《いんせき》の衝突によって地球の状態が大きく変化し、恐竜が絶滅した例がある。現代文明は、人類絶滅の危険さえありそうな変化を地球に起こしているのであり、これは隕石衝突に比べられる災害ではないだろうか。しかも隕石衝突より遥かに短時間の話だ。それを「人新世」などと地質年代にするのは誤りである。

地球の歴史は、炭素循環によってつくられてきたのであり、今もそれは続いている。地球上では脱炭素などはあり得ない。脱炭素という言葉を用いる人間の存在が、地球にとっての「災害」になっていると認識しなければならない。炭素循環が壊れたことが絶滅の原因となった例はいくつも知られている。それなのに、人新世、脱炭素を唱えて自分たちが地球の歴史をつくっているかのような顔をするのは、いかがなものだろう。

もう一つがドロモロジー（速度体制）である。ドロモスはギリシャ語で「前進、進行、競争、逃走」、これにロゴス（原理、言葉、論理）をつけてドロモロジーとなる。これは「〈今ここ〉という時空から私たちを追い出し、〈いつかどこか〉の未来へ向けて競って走るよう強いる不気味な、人為を超えた強制力」であると、ギリシャ哲学の古東哲明《ことうてつあき》広島大学名誉教授の説明がある。速く速くと追われる日々をおくらされていることは誰もが気づいていることだが、実態は単なる忙しさを越え、とても本質的な変化が起きているのだと、古東先生は語る。

たとえば、今、証券取引所でコンピュータで行なわれている取引は一〇〇万分の一秒の世界になっており、ウォール街では一番速いプレイヤーがすべての利益の八〇%、二番目が一五%を得ると噂されているのだそうだ。生きものとしての人間にとって意味のある速度とは程遠い速度が日常のなかに入りこみ、未来をつくっていくのである。そのような未来を描き出すことに価値を求め、生きものにとってもっとも大事な〈今ここ〉を消失させていくわけだ。

今後はこれが仮想空間（メタバース）になっていくのだろう。生成ＡＩの問題もある。「ＡＩは人間を超える」などという言説にも、ある意味「人新世」と同じ傲慢さを感じる。科学、科学技術の問題を人間の生き方（世界観）として考えなければ、私たち自身がどこへ行ってしまうかわからないところにいるのだ。大きなお金を動かす人が考える〈いつか、どこか〉は、私たち生きものの未来ではない。これははっきりしている。

宇宙のなかで四六億年続く地球上に生まれ、四〇億年続いてきた生きものとしての私が、〈今、ここ〉を生きることの大切さを忘れてはならない。それは決して特別なものではない。平凡な日常――それこそが最も大切なものであると、再確認しなければならない。

生命誌は、「人間は生きものであり自然の一部」という事実に基づいて考えを進め、そこからの世界観をもつ知である。古東名誉教授は哲学者として「事物事象が在るということは奇蹟である」とおっしゃる。存在することに驚き、生きていることとそのことをすばらしいと思うことで、ドロモロジーに潰されてしまわない道を歩んでいけるはずなのだ。

生命誌では、四〇億年の歴史が示してくれる「本来の道」を歩こうとしており、これは古東の指摘と重なる。「人新世」もドロモロジーも、近年表面化してきた言葉だが、以前読んだ本を見直すと、科学技術の求める〈いつか、どこか〉の危うさは半世紀近く前からさまざまなところで浮かび上がっていることがわかる。

そこで書評を集めて、少し前を振り返りながら、人類の、そして地球のこれからを考えたいと思った。時代の変化は速いので、過去の書評の紹介など意味がなさそうにも思えるが、今につながる重要な指摘に気づかされることも確かだ。変化の底に変わらない基本があると言ってよかろう。これまでに読んだ本を読み直すと、著者の考えに支えられて新しい道が見えてくるのだ。それをいくつかのテーマにまとめてみた。

地球に生きものとして生まれた意味を嚙みしめ、今という時を抱きしめながら、生きものという「本来の道」を求めて、かつて読んだ本の旅に出かけたのが本書である。二十世紀後半から始まる約半世紀にこれからの方向を求めながら行なった旅なので、本は原則（例外もあるが）、刊行年の古いものから並べた。科学は日進月歩だが、古いものにかえって本質的な問いがある場合が多いことも見えてきて、心を引き締めての旅になった。

二〇二四年十二月

中村桂子

1　科学とは、科学者とは

大きな転換が必要な時にある、と書いたが、今求められている変革は、誰かが革命を起こすというような形で進められるものではない。社会の構成員全員が日々の暮らし方を見つめ、自分事として考えていく必要がある。現代は科学技術社会であり、誰もがそれを活用しているからである。とくにコンピュータは社会を大きく変え、一日中スマホを見ていると言っても過言ではない人も少なくない。ここで重要なのは、科学技術社会は、機械論で動いていることである。人間を機械のように見る社会の見直しが求められるのであり、そこでの科学者の役割は重要だ。しかもそこで求められるのは、専門知識を越えた人間としての生き方である。科学者の著書を手にした読者は、彼らに完璧さを求めそこから学ぶというのではなく、共に考える仲間となる必要がある。

オッペンハイマーとアインシュタインは、共に物理学者として米国での原爆開発に関わった。そこでの科学者の本音を知ることは、現代文明の見直しにとって重要である。シャルガフは生化学者、ジャコブは分子生物学者として、生命科学のあり方を洞察している。とくにジャコブの生きものの特徴を「予測不能性」とする指摘は重要だ。

「生きものを機械と見て、その構造と機能を知ることに徹する生命科学」の見直しを求める基本はここにある。科学が自然と向き合うものであることを認識し、社会の一員としての科学者のあり方を考える出発点としたい。
科学者と聞くと反射的に「私とは関係のない特別な存在」と思ってしまう方が多いのが現状だが、これでは二十一世紀を暮らしやすい社会にすることは難しい。異常気象は私たちの食生活に直接影響を与える。秋と言えば秋刀魚《さんま》の塩焼きという生活があたりまえでなくなった。海水温の変化で不漁になったり、獲れても痩せ細った姿はあまり食欲をそそらず、しかも高値というのだから。このような体験と結びつけて科学・科学者の問題を皆で考えなければ、庶民の味方であるはずの秋刀魚がますます遠くへ行ってしまう危険がある。

渋々と読み、渋々とおすすめする

ピーター・グッドチャイルド
池澤夏樹訳
『ヒロシマを壊滅させた男 オッペンハイマー〈新装版〉』

人にすすめる本は、なるべく読後すっきりした気持ちになれるものにしている。たとえ内容は重くとも。その基準から見ると、この本はあまりおすすめではない。読んでいる間中、あちこち引っかかるものがあり、読み終わっても頭をどう整理したらよいかよくわからないからだ。

今夏（一九九五年）、核兵器と戦争廃絶をめざす科学者の国際会議である「パグウォッシュ会議」が、日本では初めて、広島で開催された。一方フランス国民は、南太平洋の島での核実験再開を宣言したシラク大統領をいただき、中国も実験を続けている。自分のつくり出したものに振り回される人間の姿は、どこか外の星から見たらさぞこっけいだろうが、これをつくってしまってから五〇年たっても、スパッと捨て去ろうという姿勢は見えて来ない。

そこで、この兵器がどのようにして開発され、また使われたか。「原爆の父」と呼ばれるオッペンハイマーを通して、その過程を克明に追ったドキュメンタリーであるこの本を読み、考えてみたいと思った。

一九四一年十月。オッペンハイマーは、原爆用ウラニウム分離の研究への参加を求められた。もちろん、理論物理学者としての能力を買われてのことだが、一つには、共産党に近づいての政治運動への関心を科学に向けさせるためでもあったと言われる。彼は、その仕事が学術上重要と受け止め、仲間をまとめていく意欲をかきたてられて開発の中心人物に

なっていく。

　ところで、この計画には、二つの敵があった。一つは、もちろんドイツ。〝一九四一年には、原爆への道が見えていた〟と連合国側が最も恐れていた物理学者ハイゼンベルグが後に語っている。しかし、一九四二年、ヒットラーが戦争に直接関わらない開発を禁止する命令を出し、原爆が再検討された時に、ハイゼンベルグは、技術としての可能性は大いにあるが、現在の財政状態では原爆製造は困難と報告したのだ。これを契機にドイツの優勢は失われたのである。しかし、ドイツの先制を恐れての米国の計画は続行する。

　もう一つの敵は共産主義国ソ連だ（戦時体制下では連合国だが）。とくにオッペンハイマーの前歴から見てソ連への機密漏洩は大きな問題であり、それを巡っての複雑な人間関係は、政治に巻きこまれた科学の世界のやり切れなさを見せつける。

　このような中で研究者を組織し、ついに一九四五年七月にニューメキシコの荒野、〝トリニティ〟と名づけられた場での実験に持ちこむまでの開発物語も、通常の科学技術開発の話に比べて気が重い。それは開発の対象が兵器だからではなく、常に科学と技術が主体であり、それを巡って人々が論争したり一喜一憂しながら事が進む通常の科学研究に見られるときめきがないからだ。しかも実験は、ドイツ降伏後に行なわれたのだ。

オッペンハイマーは戦後、マッカーシー旋風のなかで公職から追放され、悲劇の人になったとされる。しかし私には、むしろ一見華やかに活躍した頃の彼の方が、科学者としては悲劇の人に見える。いや、悲劇の時代の象徴に見える。というわけで、渋々と読み、渋々とおすすめする次第だ。

訳者の池澤夏樹さんの作風が最近少し変化し『楽しい終末』などという本を出されるようになったのは、本書翻訳の影響であることが本書のあとがきでわかった。そこから抜け出た新しい池澤作品が読める日、つまりオッペンハイマーが過去の人になる時は来るのだろうか。

（白水社）

［一九九五年七月三十一日］

宇宙法則を語る言葉が二十世紀を映す

ウィリアム・ヘルマンス　雑賀紀彦訳
『アインシュタイン、神を語る――宇宙・科学・宗教・平和』

二十世紀を語る時にどうしてもあげなければならない人の一人としてアインシュタインがあることは、誰もが認めるだろう。相対性理論を理解できる人は何人いるだろうと言われるほど難解な理論を打ち立てた人なのに、社会的にこれほどの関心を持たれているのはなぜか。近年、その人物に迫る伝記も出ているが、本書はもう一つ踏みこんで、アインシュタインの生の言葉を伝えると同時に、そこから見える二十世紀を映し出しているところが興味深い。

著者は、ドイツで社会学を学び、渡米してCIAの前身である合衆国戦略事務局に勤務後、ハーバード大、スタンフォード大で教鞭をとる一方、詩人としても活躍している。一九二一年、アインシュタインのチャリティーコンサートで、若者たちへの反戦の呼びかけの詩を朗読した著者は、アインシュタインから評価される。ゲッベルスが〝ヒットラーの一声で百万の若者が動員できる〟とうそぶいているのに対して、著者は、民主主義の指針たりうる人物はアインシュ

タインしかいないと、若者へのメッセージとして真の天才をテーマとした放送を企画する。

　こうして、一九三〇年から一九五〇年の二〇年間、四回にわたる対話が行なわれた。この日付を見れば、緊迫した中での行事であることが想像できるし、事実、命を狙われている状況も見えてくる。対話の内容は主としてアインシュタインの宗教観――それも既存の宗教ではなく、物理学に基づく彼の宇宙観から生まれた思想である。これは二十一世紀を考えるうえで重要な視点だ。

　四回の対話を追おう。一九三〇年、詩人の最初の問いは、科学者の澄んだ眼のあまりの素直さに誘われて「どのようにして天才になったのですか」だった。おかしな質問だが、気持ちはわかる。相対性理論への道は、五歳の時に父からもらったコンパスの針が常に北を向く原因究明から始まった。この疑問は子どもなら誰もがもつものだが、その後が違う。

　未知のものをXと置いて論理を進める数学に関心をもち、幾何学の本が宝物になるのだ。こうして、学校では落第生と言われながら続けた思案が語られる。「自然のすべては数学的単純さを示している」「科学には終着点はない」「創造について学びたかったら、謙虚な性格になる必要がある」「知性でなく直観が新知識の産みの親だ」などという言葉をちりばめながら語っていく部屋の外からは、ナチの若者の歌声が聞こえてきたそうだ。「わがナイフからユダヤ人の血がほとばしれば世界はよくなる」と。

しばらく耳をおおっていたアインシュタインは、「まだ何かできるだろうか。ドイツを救うために何ができるんだろう。もう手遅れだがやってみるだけだ。人心を変えねばならない。私の身に何かあっても君が引き継いでくれそうだ」と言う。筆者は、この不吉な日に、生涯最高の宝物を授けられたと感じる。

実は夫人はその前から「毎日洗濯かご何杯分も手紙が届き、なかには殺すという脅迫もある」と嘆き、ドイツを離れたいと言っていた。ユダヤ人というだけのことで、常に身の危険を感じていなければならない状況の下で、宇宙全体を語る理論への道を探りながら、手遅れだが人心を変えたいとうめくアインシュタインの声が、今も聞こえるような気がする。

一九三四年、ゲシュタポに追われてフランスへ逃れた著者は、アメリカに亡命したアインシュタインと一九四三年に二度目の対話をする。ここで、かつてアインシュタインが提案した国際警察制度の話を出すと、思いがけず「今は平和を語る時じゃない。独裁制をつぶす戦争の話をする時だ。私はもう無原則な平和主義者ではない。現実的平和主義者だ」という答えが返ってくる。ナチズムという巨悪を、それより小さい必要悪、軍隊で排除するべきだというわけだ。

このアインシュタインの転換には批判がある。ドイツの原爆開発を恐れてルーズベルト大統領に手紙を送ったことにつながるものだからだ。四回目の、戦後の対話でアインシュタインは、「今にして思えば、手紙を書く前にもう一度考え直すべきだった。平和を望むなら戦に備えよという諺はもはや嘘になった。戦争につながる状況は変えねばならない」と言っている。

前述したように、本書の話の中心は宇宙的宗教である。宇宙は単純であると信じる彼は、統一理論を求めた。宇宙の秩序、単純で美しい法則を知ると人は世俗的苦悩から解放され、おのずから宇宙法則にのっとった生き方を選ぶというのだ。これが宇宙的人間であり、この行動原理は科学的事実なので民族を超えて万人に受け入れられるはずだという考えだ。

今や宇宙を語るには複雑系の科学が必要と言われており、統一理論は夢かもしれない。しかし、科学が単に事実を明らかにするだけでなく、より解放された生き方を教えてくれるという感覚は、生物学でも実感する。それを宗教と呼ぶのが適切かどうかは別として、そこで選ばれる生き方にナチズムや戦争は存在しない――これが評者の思いだ。

(工作舎)

[二〇〇〇年四月二十三日]

ある分子生物学者の問い

E・シャルガフ　村上陽一郎訳
『ヘラクレイトスの火
――自然科学者の回想的文明批判』

本書は、オーストリア生まれだが、若くしてアメリカへ移住し、そのほとんどをコロンビア大学で過ごした生化学者・シャルガフの自伝である。しかし、永年住み慣れた大学を定年退職する教授が古きよき時代を偲ぶというタイプの話ではない。文学と言語学に興味を抱く根っからのウィーン人でありながら、アメリカという地で分子生物学なる最もアメリカ的科学の世界に入る運命になった一人の「人間」の、現代科学批判であり科学者への問いかけである。

彼にこの本を書かせたものは何であったか、それは、「本書は、原子爆弾の広島、長崎投下後三〇年を経て書かれた」という書き出しが充分に物語っている。原爆によってシャルガフの科学に対する態度は決まる。「科学は問題を解決するが、そのことによってさらに大きな問題を産み出していく自律機械になってしまう」ことへの疑問が生まれ、これが彼の頭から離れることはなくなったのだ。そして、これに気づかずに、ただ忙しく立ち働いている同僚への不信は日を追ってつのる一方になっていった。

シャルガフは、核酸の構成成分を分析し、DNAではアデニンとチミンの含量、グアニンとシトシンの含量が等しいという、いわゆる「シャルガフの法則」の発見で有名である。これは後にワトソン、クリックがDNAの二重らせん構造を発見する際に一つの重要な手懸りとなったものである。ところが、ワトソンとクリックは彼らの論文にシャルガフを引用しなかった。そして、シャルガフは、ノーベル賞をもらい損ねたのである。

これが、彼のその後のやや屈折した感情の吐露、科学の内部にいながらのアウトサイダーとしての発言と結びつけて語られることが多い。確かに本書にも、〝少しひがみ過ぎている〟と思わせるところが少なからずある。しかし、科学者というものは多かれ少なかれ、うぬぼれとひがみとを合わせ持っているものであり、本書の場合、むしろそれが一つの魅力をつくりあげている。科学に光と影があるように、科学者にも明と暗があってこそ本物のはずだからである。
ところで、本書でシャルガフが科学という言葉で語っている内容は、具体的には分子生物学である。自らを生化学者と

規定しているシャルガフは、アメリカでの分子生物学の発展のなかで否応なしに分子生物学者という名前を与えられ、彼の最も嫌う「ドアを開け放して忙し気に仲間を追い越していく人の行き交う気狂い病院」のような研究室に巻きこまれざるを得なくなってくる。

ここで言われている「三〇年間」に最も進歩した学問の一つに分子生物学をあげることに、あまり異論はなかろう。そして、そのなかで主導的役割を果したのがアメリカであることもまた誰もが認めるところだろう。確かに分子生物学の進歩はめざましく、私もそのすばらしさに魅かれてこの世界に入った一人である。しかし、今振り返ってみると、分子生物学にはそれまでのどちらかと言えばおっとりした生物学という分野に、土足でずかずか乗りこんだともいえる面があったことを認めざるを得ない。

人間もなんの変哲もない分子機械ではないか。その事実を明らかにしていく分子遺伝学の手際は見事という他なく、それでは私という存在はどこへ行ってしまうのですか、などと問うている暇は与えなかった。発生・分化という課題の前で、ややとまどいを見せている現在の分子生物学で、ようやく生物とは、人間とはという類の問いが出されるようになってきたと私は思う。しかしまだ、それは大きな流れにはなっていない。

シャルガフは、彼の個性かまたはウィーンの空気がそれを育てたのかはわからないが、まず人間があって、その個人的営為として科学があるという順序を狂わせることを頑なに拒否し続けてきた人である。彼にとって分子生物学の世界がいかに住みにくいものであったかは想像に難くない。自身の人間性そのものから発せられる彼の警告に耳を傾けること、これは今後の分子生物学が真の生命の科学になっていくためには重要なことなのだと思う。

ところで、シャルガフという名前は、私にとってやや特別な意味を持っている。私がＤＮＡの二重らせん構造の美しさに魅かれて分子遺伝学の勉強をしようと大学院に入学した時、最初に与えられたテーマは、「大腸菌のＲＮＡの分析」だった。当時、大腸菌には大きさも性質も違う何種類かのＲＮＡが存在することがわかり始めており、それらを区別してその性質を決めることは興味ある仕事だった。この仕事をするには、シャルガフが考案した核酸塩基の分析法を使わなければならない。

そこで、私の勉強はシャルガフの論文を読むことから始まった。生物の世界へとびこんだ最初に生物学と化学とを結びつけたシャルガフの法則に接したということが、以後の私の考え方に大きな影響を与えた。実は、シャルガフ自身は、このような法則を発見したからといって、我々がこの世界でみるものを分子の世界に還元法則化して考えることのばからしさを充分承知していた人である。

「科学者としての私の最大の欠陥は、私がことを単純化しきれない恐るべき複雑魔であることだ」。本書にはこう書いてある。ところが、私は、一見複雑そうにみえる生命現象といえども基本にはこの法則のような秩序があるに違いない、それを見出すことこそ大切な仕事だという信念を持った。大腸菌をにらみつけ、おまえの正体を明らかにしてやるぞと思いながら暮らしていたのだ。

それから七年、私の心に小さな疑問がわき始めた。大腸菌をにらんでいると生命のことがわかるのか、大腸菌のことがわかると人間のことがわかるのか。……そんな疑問が積み重なって、私自身仕事を少し変え、科学と社会の接点の問題を考えることになった。その仕事に入ってまもなく、フランス政府が主催する「生物学と人間の未来」と題する国際会議に出席する機会を得た。

そのとき、フランス国立生物学研究所の所長が自宅で開いた小さなパーティーに招待され、偶然シャルガフ夫妻と同じ車で所長宅まで行くことになった。シャルガフの隣に坐った私は、もちろんコチコチになっていた。頑固さをそのまま顔にあらわして端座している人に、何を話しかけたらよいか。私は思い切って、当時関心を持ち始めていた遺伝子組換えについて、科学と社会の関係について質問した。まだシャルガフは、その問題について公の発言をしていない頃のことである。

今『ヘラクレイトスの火』を読んで、そのところどころにあの晩、車のなかで伺ったのと同じ言葉があるのに気づく。「科学者が成功しようと思ったときには、どうしても身につけなければならない自然を観るための狭い専門の視野は、とりわけそれが長く続く場合、結果として科学者の全人格を非常に押しゆがめる」という認識を持ち、広い視野など期待しようもない科学者の群が、「悪質な科学の興業主」からのお金で仕事をしているのが現在の風潮であると彼は考えている。

そして、巨大組織化し、効率を第一とした分業化を求める科学のなかで、人間でない科学者ばかりが存在するアメリカで生まれた典型的テクニックの一つが遺伝子組換えである、と思っている。その後、彼は遺伝子組換えを「進化という自然界の基本を忘れている技術」として警告を与えている。けれど、私が話をした時のシャルガフはむしろ、批判的というよりはあんなものは私とは無関係だという態度にみえた。

本書にも、科学の有益性について、「実は、私は有益性や無益性について悩んでいるわけではない。そうした問題には関わりを持ちたくない。科学は本質的には芸術と変わりなく、それらが同じように〝無益〟でいて欲しかったというのが私の願いだ」とある。遺伝子組換えの周囲でとびまわっている科学者達にシャルガフが言いたいのはこの言葉なのだろう。

分子遺伝学からライフサイエンスへ。科学の流れのなかで右往左往してきた私にとって、「分子生物学者とは、免許証なしで生化学を実践する輩」と定義し、「ライフサイエンスは生物学を美化したあだ名だ」と苦々しげに言いながら、自分の存在のみを信じ、客観的にこれらの流れを見ているシャルガフは、なんとも大きな存在に見える。

「何をやっていても細胞の持つ玄妙さに打たれた」。

「真の科学者へと駆り立てるのは神秘の感覚である。背骨を走り下りる冷たい戦慄、その息吹が涙する感動へと誘う顔貌との出会い、それを体験したことのない人は科学者ではない。夜が暗ければ暗いほど光は明るい」。

本当にそう思う。私は無謀にも、この感覚を科学者以外にも伝えたい、それを共有できた時こそ科学は社会のものとなるはずだなどと考えている。科学が本質的に個人的行為であるとしても、芸術が他人の共感をもって完結するように、科学も社会の共感のない自己満足で終わっては、現代の科学批判にはなり得ない。

シャルガフは、自分を内部のアウトサイダーと規定しているが、私はそうは思わない。すべての科学者のなかにこのような気持ちが多かれ少なかれ存在していると信じたい。ただ、彼はどの感性でその気持ちを醸成させ、彼ほどの教養をもってそれを表現できる科学者は残念ながらそう簡単にはみつかりそうもないが。

これまでは、分子生物学という立場に徹しての紹介をしてきた。しかし、本書の最大の魅力は真の教養を恐ろしいほどにみせつけてくれるところだろう。ペダンティック——よい意味でのこの言葉を、久しぶりに思い出した。これが人間であり、生きるということなのだろうとも思った。そして、これが科学者なのだと思いたい、それが今の気持ちである。

(岩波書店)

[一九八一年『文化会議』]

生物学者にとっての真善美とは

フランソワ・ジャコブ　原章二訳
『ハエ、マウス、ヒト——一生物学者による未来への証言』

二十一世紀は生命科学の世紀だと言われ、多額の予算がこの分野に投入されている。生きものを知ることは重要だが、もっと研究の本質を考えたいと思っていたところへ、みごとなお手本が出てきた。著者は、フランス・パスツール研究所の理事長を務める、ノーベル賞学者である（『偶然と必然』の著者ジャック・モノーの共同受賞者）。

テーマは二つある。一つは、科学とはどのような学問であり、科学の一つである生物学が二十世紀後半に生物の見方をどう変化させたかということ。もう一つは、生物学者のふるまい、とくに美と真、善と悪をどう見ているかだ。どちらも、社会と科学の関係を考える際に大事な課題である。

著者は言う。科学は、本来予見不可能性をもつ。ところが近年は、科学に予見能力があるかのように「二十年後の生物学」「二十一世紀の医学」という類の会議が多い。その理由の一つは、結果の保証を求める政治家や官僚が、体制を整え未来を論ずれば未来は統御可能だ、と思うからだが、それは無理だ。政治家や官僚は、重要な分野を見きわめ、そこに予算を適切に配分することに徹して欲しい。

お手本は一九五八年のドゴール大統領だ。科学技術特別委を作り、一二分野の話を聞き、「宇宙や海洋開発は華々しいが、なぜか分子生物学が気になる。二十一世紀の医学につながっているのではないか」と言い、この分野を取り上げた。以上の著者の指摘は、科学者の勝手な意見と言われそうだ。しかし、学問の本質がここにあることは間違いなく、独創的研究はここからしか生まれない。

もちろんそこでは科学者のふるまいが問われる。本書では、この四〇年間、分子生物学の第一線で活躍してきた著者が、独創的研究をするために、何を考え、どう努力してきたかが語られる。

その道程を象徴するのが研究材料であり、それが書名になっている。大腸菌で大きな成果をあげた著者だが、生殖という本質的現象を知るには多細胞生物を研究する必要があると考え始めたのだ。それに対しモノーは、大腸菌でまだやることがあると主張し、二人は真剣に議論する。新しい学問誕生へ向けての厳しい過程だ。この他、論文には出て来ない科学者の日常や考えがわかるエピソードに満ちている。

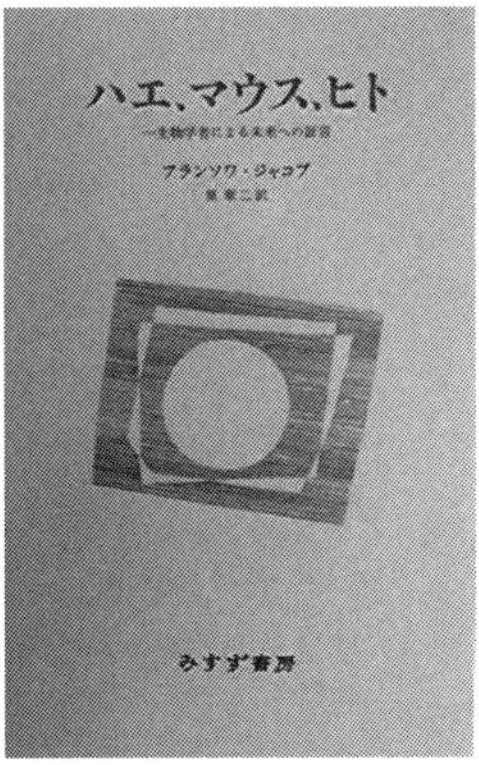

ハエ・マウス・ヒトを対象にして、発生や進化を解明し始めた生物学は、生物は多様だが、どれもまったく新しく作られるのではなく、既存の構成単位のやりくりででき上がった仲間であることを示した。「同じで違う」というこの兼ね合いこそ生物の姿だという新しい見方が出てきたのだ。人間は近年生殖を操作し始めたかのように思っている

が、受精卵から体のできる過程は実は生物まかせなのであり、そこにある同一と差異の生成のみごとさは、人間の力の及ぶところではない。

このような姿勢で現代生物学に向き合うと、善と悪、美と真が課題となる。

善と悪については、予知不可能性から見て、悪い科学を抑え、良い科学だけを進めることはできないという答えになる。ゼウスは人間に終わりのない探究という罰を科したのだと言い、悪を避けさせ得るのは科学者の誠実、つまり真実のすべてを語ること（専門外の人にも）だけだと指摘する。

美と真では科学と芸術の共通性を語り、そこで重要なのは想像力だと言う。生物学で得られた結果によって安易に人間や社会を説明しようとしたり、技術や産業への応用を扱う書物の多い中、科学そのものについて真剣に考え、そこから科学と社会の関わりを語る気持ちのよい本に久しぶりに出会った。このような形で科学を進めて行きたいと思う。

（みすず書房）

［二〇〇〇年五月十四日］

2 「環境問題」として浮かび上がった地球の今

自然のなかの生きものである人間として生きることを考える生命誌では、「環境問題」という言葉を使わない。自然と人間を対置している現代社会では、大量生産・大量消費の経済活動によって環境問題が起きてしまったので、その解決が必要と認識されており、その解決に向けて行なわれている活動の典型が、ＳＤＧｓ（持続可能な開発目標）である。その具体的目標を見ると、開発・進歩という目標はそのままに、現在起きている問題をいかに解決するかというところに目が向いている。

ここにあるのは開発目標であり、それは利便性を求めたり目先の経済性を重視するものになる。第一章で述べたが、この活動を牽引する言葉である「脱炭素」であるところにこの活動の本質が見える。自然のなかの生きものとして生きる人間の生活を考えたら脱炭素はあり得ないのに、それを新しい生き方の象徴としているのだから。地球という星に生まれた生態系は、豊かな炭素の循環でつくられているのであり、生命誌から見れば、炭素を大事にしようというのが今必要な答えになる。

現代社会の人間生活を中心に置き、その利便性や画一性はそのままに、技術で身の回りの不都合を解決しようとしても、事は解決しない。地球の長い歴史を知るところから始めて、どう考えたらよいかと思案する必要があるのだ。

人間が起こした「地球環境問題」についてはたくさんの本が出されているが、まず、現場報告から学ぶことが重要だと考え、そのような本を取り上げた。その結果、著者が片寄ってしまったことはお許しいただきたい。

四六億年続いてきた地球の変化を見ると、驚くようなことがたくさん起きている。最も極端な例として地球凍結を見る。この話を初めて聞いたときは驚いた。全面凍結など起こり得るのだろうか、そこで生きものたちはどうしていたのだろうか。常識で考えていた地球の姿が揺らぎ、柔軟な思考こそが求められていることを自覚するようになった。これは今や仮説ではなく事実である。

一方、水俣の問題は、現代だからこそ起きた、人間の行為が原因の、まさに環境問題である。一九七〇年に恩師である江上不二夫先生が「生命科学」という新しい知を創られたきっかけの一つが水俣病であったことを思い出す。学問としての生命科学は、生命とはなにか、生きるとはどういうことかを考えることを目的として生きものを対象にする科学を総合化することを第一の目的として考えられたものである。

しかし、総合化すれば、生きもののなかに「人間」が入ることになる。これはとても大事なことであり、科学によって明らかにされる人間の本性をもとにして生き方を考えられる時代なのである。医学や科学技術のあり方など従来の生物学にはない複雑な問題を考えなければならなくなったとも言える。

先生から「今こそ生命科学が必要なのだ」と聞かされ、この新しい科学を創っていく役割を与えられた時には、私にはまだ何も見えてはいなかった。ただそのとき、「水俣病は生命科学という学問で科学技術のありようを考えていれば防げるはずだったのに、それができなかった」という先生の言葉を指針に考え始めたことを憶えている。生命誌へとつながる道を示されたのだと、今になって思う。

世界の現状を考えると触れずにはいられないのが戦争である。これは後に取り上げるが、ここで、「環境問題は戦争の原因にもなる」という石弘之さんの体験から出た言葉をよく考えたいと思う。

「環境問題」は複雑で面倒な問題を抱えているが、解決の道はやはり〈生命の営みを活かす〉ところにあり、それはとても日常的な活動にあるのだ。

生存の基盤が揺らいでいる怖さ

石弘之『地球環境報告 II』

「えっ。あの黄河の水がない？」実際に見たことはないけれど、子どもの頃から世界を代表する大河と教えられ、満々と水をたたえた写真は何度も見た。それが、下流で流れが途絶える「断流」が見られるのだと言う。

それが最初に観測されたのは一九七二年四月二十三日。この年は、一九日間、区間は二七八キロだったが、九七年には、二二六日、距離も七〇四キロになった（干ばつと重なり）。一方揚子江では、昨夏大洪水が起き、被災者二億二三〇〇万人と報じられた。どちらも話が大きい。

報告では、前者は過度の取水のせいでその九割は農業用水とか。食糧不足国だった中国が九六年には世界最大の穀物生産国になり、一億五五〇〇万人を支えられるようになったと聞くと、素晴らしいと思うのだが、実はその陰には深刻な水不足があるわけだ。一方揚子江の洪水は、上流の森林の消失で土砂が大量に流れこんだためとされている。中国だけではない。ひどい洪

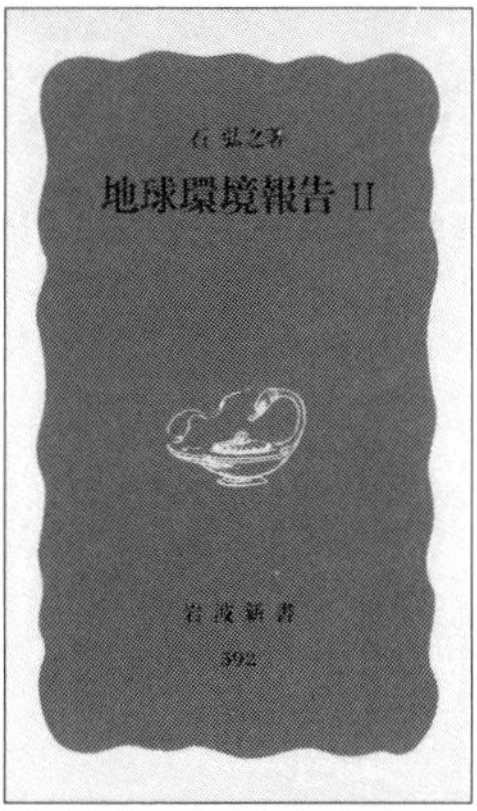

水と干ばつが、ポーランド、バングラデシュ、北朝鮮など世界中からのニュースで伝えられている。私たちはそれを他国の惨状としか見ていないが、それでよいのだろうか。

水は、生物にとって不可欠な資源だ。しかし幸い、再生可能なので節度を保ち、賢く使えば永久に利用できるはずであり、またそれでなければ困る。ところが、あまりに急激な人口増加と一人当りの消費の増大が重なって水の循環がおかしくなっているのである。水だけではない。森林の破壊、漁業資源の減少、土壌劣化など、本来再生可能なはずの資源が急速に消滅しつつあるというのがこの報告だ。この三〇年間、一二〇カ国の現場を調査してきた著者の報告であるだけに事実の重みがズシンとくる。生存の基盤がグラグラと揺らいでいる怖さが身に沁みる。

基盤が壊れつつある証拠に、絶滅種が急速に増えている。開発による生息地の奪取、さまざまな化学物質による汚染（DDTやPCBは使用禁止になっても、すでに極地まで汚染している）、酸性雨などがその原因だ。森林の破壊は、近年、とくにアジアで急速であると著者は指摘する。絶滅は、その生物にとっての不幸であると同時に私たちの食物、衣服、住居、薬など生活の基盤の貧困化なのだ。

問題は物質面に限らない。あるインディオ居留地の若者に自殺が多いという事実に疑問を抱いた著者の調査の結果、ここにも森林の奪取という現状があるとわかる。森林で自給自足の生活をしていた時は、貧しいという言葉はなかった。それが、都市に近い居留地で、豊かな生活を眼にするようになり、しかもそれが自分の手に入るものではないことがわかるので「生きる夢」を失うのだという。東南アジアでも自然保護のための保護区指定の動きによって、そこに住む先住民が追い出されて難民化する例がふえているという。なんとも切ない話だ。

先住民だけではない。環境悪化が原因で国内外の緊張状態が生まれている国や地域が世界各地にある（ルワンダ、エルサルバドルなど）。著者は、二十一世紀は環境破綻による紛争が増加するだろうと指摘する。

地球はどこへ行くのか。綿密なデータを示してくれた著者も、この答えは出せないと悩む。環境悪化の原因は人口増と消費の増大であり、開発途上国の人々の豊かさへの憧れを頭ごなしに否定するわけにはいかない。ただ、このデータを見て、これは単なる環境問題ではないと思う。こんな暮らし方がいつまでも続くわけはないのだ。

（岩波新書）

［一九九九年一月十日］

生命の営みに価値を置く社会の構想

エントロピー学会編『循環型社会を創る――技術・経済・政策の展望』

新しい世紀を迎えながら先行き不透明と言われ、この船はどこへ行こうとしているのかということがわからない不安定な社会になっている。改革という言葉は叫ばれても、どんな社会へ向けての改革であるのかが見えなければ、何をやるべきかはわからない。しかし、はっきりしていることもあり、それを基盤に置けば、先は見えてくる。明確なことの一つに、地球は有限であること、人間は生きものであることがある。そして誰もが、自分の子孫が幸せに暮らして欲しいと願っていることも加えてよいだろう。

ここから出てくる答えは、「循環型社会」ということになる。すでに、「循環型社会形成推進基本法」が制定されているので（二〇〇〇年公布）、国としても循環型社会をめざそうとしていることは明らかだが、日々の社会活動からは、あまりそれが見えて来ない。本書は、エントロピーという切り口で循環を考えようとする人々の集まりが開いた『循環型社会』を問う」というシンポジウムと研究会の記録である。

単なる議論ではなく、法律や技術、経済、政策などの現状の具体的な検証や実際の活動の報告が多いので、現在の問題点や将来の展望が見えてくる。また参加者の所属も行政、企業、大学などさまざまであり、同じ産業でも第一次産業と工業、さらにはサービス業では問題点が異なっていることがわかるなど、問題の複雑さも理解できる。

最初に考えなければならないのは、循環型社会とは何かということだ。循環型社会形成推進基本法では、「製品等が廃棄物等となることが抑制され、並びに製品等が循環資源となった場合においては、これについて適正に循環的な利用が行なわれることが促進され、及び循環的な利用が行なわれ、循環資源については適正な処分が確保され、もって天然資源の消費を抑制し、環境への負荷ができる限り低減される社会」と定義されている（余計なことですが間違えずに写すのが大変でした）。難解だが、具体的には、廃棄物をきちんと処理し、できればリサイクルしようということであり、それが地域や職場でのリサイクル活動の推進につながっているようだ。

そこで、アルミ缶、牛乳パック、プラスチック、家電などのリサイクルの実例、いくつかの企業のゼロエミッション（排出物ゼロ）へ向けての活動が紹介され、それぞれ学ぶところが多い。

しかし、法律の最後に書いてある「天然資源の消費を抑制し、環境への負荷ができる限り低減される」というところに注目すると、リサイクルだけがそれへの答えだろうかという疑問が出て来ざるを得ない。本書でも、製品、素材などをリースする社会にし、そのなかでリデュース（廃棄物削減）、リユースと共にリサイクルを考えていくことが必要であるという提案がなされている。

つまり、成長を前提とした経済システムや大量生産、大量消費を変えないまま、現行の技術システムの下でのリサイクル奨励のような形になっている現状を見直さなければならないのである。そこで、エントロピー論の基本的考え（平たく言えば散らかさないこと）、技術と生産活動、経済と人間活動、法・政策と社会のあり方という四項目について二〇の視点が本書のまとめ、そして次の展開への基礎として示される。

「生態系は、高エネルギーエントロピー物質（有機物）の利用の連鎖で連なった体系であり、循環（物質循環と状態循環）が生態系維持の基本である」「自然の循環と生命系の活動・多様なあり方を壊す人間活動はきびしく制限されなくてはならない」という文章をもう一度よく読もう。そもそも人間は循環のなかにあるという認識を基

本にしなければならないのだ。

技術はエントロピーの法則に規定されているのであり、生産活動は人間に有用な（多くの場合エントロピー減少）製品を作り、高エントロピーの廃物を作っている。これを循環させるには多様な生態系に頼らざるを得ず（人為的ゼロエミッションは不可能）、地下資源の利用や自然界にはない化学物質の生成は最小限にとどめて、適切に管理し、有効かつ公正に利用しなければならない。

市場でできることとできないことを区別しなければならない。現状では、物質循環と経済循環は常に一致するとは限らないが、もしこれを重ね合わせた広義の経済を考えるなら「循環経済」となり、それは富の所有でなく生命の営みに大きな価値を置くものとなる。生産に遡った廃棄物対策の改善、廃棄抑制の基本は生産の抑制であるとの認識、自然の循環を途切れさせて大量に廃棄物を生み出す従来の経済、社会システムの変革が求められる。

以上、出された視点のいくつかを紹介した。少々固めの文章が続いたが、循環社会とは、生命の営みに価値を置く社会と言えるという提案であると受け止めた。そこで現在の社会を見るとこの提案とはまったく反対で、生命をないがしろにすることが多いことに気づく。二十一世紀は循環社会へ向かいたいと願う。それが暮らしやすさにつながるに違いないからだ。

（藤原書店）
［二〇〇三年三月三十日］

ガブリエル・ウォーカー　川上紳一監修、渡会圭子訳
『スノーボール・アース
――生命大進化をもたらした全地球凍結』

科学の大変化に立ち会う面白さ

ずばり、タイトルが本書のすべてを語っているので、まわり道はやめて、単刀直入に本題に入ろう。

スノーボール・アース（雪球地球）は、日本の学術用語では「全地球凍結」と言われている。読んで字の如し、四六億年という地球の歴史のなかで地球全体が凍った時代があった（しかも一再ならず）という仮説が、今、地質学者のなかで熱く論争されているのだ。専門性の高い学問のなかで出された仮説など、門外漢にはチンプンカンプン、関心を持とうにもどうにもならないことが多い。

しかしこの仮説は、誰だって、えっ本当?と思うだろう。私たちが知っているのは、現在の地球だから、赤道まで凍るなんて信じられないという気持ちになるし、生きものたちはどうなったんだろうと心配にもなる。

主人公は、米国ハーバード大学教授ポール・ホフマンである。実は、地球がかなり広範囲に氷に覆われたという考えは十九世紀から出されており、その後もグリーンランド近くの島やオーストラリアなどの実地調査から、こう考えざるを得ないという結論に到達した研究者はいた。たとえば磁石大好きで、長男にジセキと命名(妻は日本人)したカーシュヴィンクは、寒地の石が赤道付近にあったことを示す磁性をもつことを根拠に説を立てた。しかし彼も含めて多くの研究者は、それを主張したら仲間から異端者扱いされるだろうことを恐れて本格的な主張はしなかった。しかしホフマン教授は、そのカリスマ的性格も手伝ってこの説を学問の中心に持ち出したのである。

本書の面白さは二つある。一つは、地質学の現場に同行した著者が、地質学とはどのような学問か——というより地質学者とはどんな人間であるかをみごとに描いているところ。最近の科学は科学技術や経済とつながった話が多いが、幸い(?)この分野は〝好きだからやってるのさ〟という個性の集まりのようで、彼らが厳寒の地や荒地へとび出す喜びが伝わってくる。

もう一つは、地球全面凍結仮説は本当なのかと考えることである。頑固者たちの論戦を聞きながら、あれこれ考える過程を楽しめる。

ポール・ホフマンの現場はアフリカのナミビアだ。一九九〇年代の調査で、いたるところにアイス・ロック（氷の作用でできた岩）を発見、地層が現れている露頭はすべてかつて氷が存在したことを示していた。しかも、氷の層を上下からはさんでいる炭酸塩岩の炭素同位体を調べたところ、生物がいない時にできる成分になっていることがわかった。そこから彼はこの凍結が先カンブリア時代に起こり、凍結状態の頃には生物はいなかったと考えたのである。

ところが、反対派のマーティン・ケネディが、同じナミビアの炭酸塩の分析から当時の海には生物がいたはずだという論文を雑誌に投稿した。この雑誌の論文審査を担当していたポールは、これに難癖をつけ……結局、この論文は採用されるのだが、このあたりのやりとりも学問の世界の実情を示す週刊誌的面白さがある。

とにかく、蚊やクマや毒ヘビに悩まされながら（北極圏にこそ蚊が多いとは）、厳しい自然のなかでの研究者たちの調査は今も続いている。地球は本当に凍結したのか。そのためには調査と同時に、採集した試料の解析、たとえば論争になっている炭酸塩の分析なども徹底的に行ない、検証していく必要がある。生物学者と協力して生物の存在との関連を厳密に見ていくことも重要だ。
たくさん問題はあるが、科学の大きな変化に立ち会えるのは面白い。凍結があったのだとしたら、「それはまた起きるの？」という未来に関わる問いも出てくる。

（早川書房）

［二〇〇四年三月二十一日］

伝えたい――苦しみ越える美しい心

石牟礼道子
『苦海浄土　石牟礼道子全集　不知火　第二、三巻』

『苦海浄土』という本の名前は、「水俣病」という病名と共によく知られていると思う。しかし、これをきちんと読んだ人はどれだけいるだろう。今回『石牟礼道子全集・不知火』のなかで三部作として発刊されるにあたって書かれた加藤登紀子さんの解説に「一九六九年初版出版の時、当時学生運動の主導者の一人として拘置所にいた後の結婚相手藤本敏夫に差し入れはしたが、自分自身は暗くて重い（と思いこんでいた）この本の扉をどうしても開けることができなかった」という趣旨の一文がある。

　私も同じ気持ちだった。開きはしたが、著者が引用している医師のカルテ、熊本大学や熊本衛生研究所の水銀分析の報告など客観的記述の部分に眼が行き、重い告発の書として読んだ。一九七〇年に、私の恩師が「生命科学」という新しい学問を始めたきっかけの一つは、水俣病に代表される、当時の言葉での「公害」だった。現代科学が、社会に役立つことを目的に開発した技術が、「生命」を侵すことになってしまったという歪みを、生きものの研究を進めることで解決したい。学者のナイーブさと笑われるかもしれないが、私自身、今もそのなかで考えたり悩んだりしている。

　それから三十数年を経て、三部作として完成した『苦海浄土』を読み、まったく新しいものに出会った気持ちである。第一部「苦海浄土」、第二部「神々の村」、第三部「天の魚」のうち、第一部と第三部は書籍として出版されている。一方、第二部は、井上光晴主宰の『辺境』に連載されはしたが、纏まった形で発

表されず、著者の言によれば、出来損ないのまま放置し、塵の積もるに任せて今日に至ったとのことである。

その理由は「二十世紀の終焉、ただならぬ不吉をただよわせはじめたこの世の変相を見守るしかなかった」からとある。しかし、気持ちはよくわかる。普通に生きようとすればするほど無力感に襲われる近頃である。しかし、こうして纏められてよかった。これはやはり二十世紀から二十一世紀へと移る時代を語る作品として残るものである。

それぞれが六〇〇ページに及ぶ二巻を読み、著者の言葉、水俣の人が語る方言、そしてそこで語られる心の美しさに驚いた。三〇年前には思いもしなかったことだ。

話はこう始まる。

「年に一度か二度、台風でもやって来ぬかぎり、波立つこともない小さな入江を囲んで、湯堂部落がある。湯堂湾は、こそばゆいまぶたのようなさざ波の上に、小さな舟や鰯籠などを浮かべていた。子どもたちは真っ裸で、舟から舟へ飛び移ったり、海のなかにどぼんと落ちこんでみたりして、遊ぶのだった」。

これ以上穏やかな暮しはなかろう。

だが、この数ページ先には、ここの部落の子どもたちのなかに、十歳前後になっても首が坐らず母や祖父の腕のなかにいる子どもがいるという事実が語られる。この海で獲れた魚のなかに蓄積した有機水銀に神経を侵されたからである。そして、廃液を出した企業、さらには無理解な社会や欺瞞に満ちた国家制度との闘いが綴られる。病に襲われた人々の苦しみは想像を越えるとしか言いようがない。

しかしその苦しみのなかで、人々が、そして著者が人間や自然について考えを深めていくところが読む者を捉え、美しいと思わせ、共感を呼ぶ。

「草の親」という節を見よう。美しく生まれたのに、小学校入学前に、現代医学に「植物的生き方」と規定された、当時十七歳のゆりの母は、「とうちゃん、ゆりが魂はもう体から放れとると思うかな」と問う。

「神さんにきくごたるようなことばきくな」と言われ、「生きとるうちに魂ののうなって木か草のごつなるちゅうとはどういうことか。木にも草にも魚にもめめずにも魂はあるとうちは思うとに。うちげのゆりにはそれがなかとはどういうことな」。

医師や新聞記者の科学的と称する判断に対するこの母親の問いは、今という時代に向けられた問いであろう。

こうして問い続けるうちに、本来被害者であり、弱者であったはずの人々が人間として大きくなり、加害者、被害者という形でなく、皆が救われねばならない状態にある現代に気づいていく。そのような動きが生まれる原動力は、「苦海浄土」を核にした著者の行動にある。大げさなことなど何もしないのに。

それにしても、石牟礼道子という人はふしぎな人だ。「親の出てきた島にある無縁墓を拝んでいると、そう遠くない渚から、まるで永遠のように、静かな波の音が聞こえる。その音のような文章を書きたい」とはこの全集への著者の思いだが、この人がいなかったら水俣の地で起きた事柄は、環境問題、告訴という次元で終わり、これだけ多くの人々に深く人間を考えさせはしなかっただろう。

文学作品としても高く評価されるこの著書を若い人に読んで欲しい。そして、これだけの体験をしながらなお、未だに普通に生きることが難しいこの世界に向けて、たくさんの問いを発して欲しい。

(藤原書店)

[二〇〇四年五月三十日]

身近で生活を支えるものの危機

石弘之
『砂戦争――知られざる資源争奪戦』

子どもの頃の思い出には「お砂場」がつきものだ。水で少し湿らせてつくった山にトンネルを掘った仲間と両側から入れた手を握り合った時の嬉《うれ》しかったこと。砂はいつも身近にあり、変わらないものとして存在していたのだ。

天然資源の枯渇については多くが語られているが、ありふれたものの代表と思っていた砂が争奪戦のなかにあり、「二十一世紀の最重要の資源のひとつとして注目を浴びている」ことは本書で初めて知った。

「砂がなければ私たちの日常が成り立たないところまで砂に頼りきった生活」の具体を見ていこう。最大の用途は砂をセメントで固めたコンクリートである。都会のビル群はまさに砂の固まりなのである。今日も世界の各地で建設されているであろうビルを思うと、砂の枯渇が現実味を帯びてくる。

次いで大きい用途が「埋め立て用土砂」と「工業用原料」であり、近年「オイルシェール掘削用」が急激に伸びているとのことだ。ガラス、鋳型などの他、パソコン、スマホ、デジタル家電製品に不可欠な半導体のシリコンも砂からとるのだ。

砂資源を巡る世界の動きを見よう。国連報告書によると、砂の使用は年に五〇〇億トンと、この二〇年間で五倍になっており、世界の川が運ぶ土砂の二倍にもなるとのことだ。五〇〇億トンは「高さ五メートル、幅一メートルの壁をつくると地球を一二五周する」量と聞くと恐ろしくなる。

二十一世紀は都市膨張の世紀と言える。とくに途上地域で著しく、人口一〇〇〇万人以上のメガ都市が次々出現している。世界最大の都市は東京を中核とする首都圏で三七〇〇万人、次いでデリー二九〇〇万人、上海二六〇〇万人、サンパウロとメキシコシティの二二〇〇万人と続く。ここに高層ビルが建設されているのだ。ドバイに八二八メートル、上海に六三二メートルのビルが建ち、日本のあべのハルカス（三〇〇メートル）は一六九位というのだから、砂の消費の凄《すご》さがわかる。

この急速な都市化は、交通渋滞、大気汚染に始まりスラム化や感染症の蔓延《まんえん》などの問題を生んでおり、決して好ましい生活に向かっているとはいえない。「砂上の楼閣」という言葉があるが、今や「砂の楼閣」が抱える大問題に向き合っているのだ。しかも世界はなお「砂の楼閣」をつくり続けている。主としてアジア、中東で起きている資源略奪の現場を訪れた著者の報告を見ていこう。

砂の消費量が最大なのは、世界の六割となる中国だ。国内での採掘は長江沿岸で行なわれ、その結果、一九九八年には被災者二億二〇〇〇万人（全人口の五分の一）という大規模な洪水が発生した。さらに、二〇二〇年の大洪水では中流の鄱陽湖《はようこ》の堤防を人為的に壊すほかなく、六三〇〇万人が被災している。鄱陽湖は世界のソデグロヅルの九割が越冬するなど、東アジア最大の渡り鳥の越冬地である。国内での採掘が困難になり国連決議に反して北朝鮮から輸入を始めたとの情報もある。

同様に発展しているのがアラブ首長国連邦で、ドバイでは砂漠に莫大《ばくだい》なコンクリートとエネルギーを使った虚構ともいえる空間をつくった。砂漠の砂は細かいうえに塩濃度が高くて骨材にはならず、砂はすべて輸入というのだから皮肉だ。アラビア湾には宇宙からも見える世界最大の人工島がある。アジアではジャカルタも同じ道を歩き、いずれの国でも砂マ

フィアが暗躍する。

日本では砂浜の砂はサンゴなどと同様「国有財産」で持ち帰り禁止ということをご存じだろうか。そのような国が増えているとのことで、気をつけなければいけない。そこで砂泥棒が横行しており、毎年採掘される四七〇億〜五九〇億トンの砂で合法取引は一五〇億トンというのだから驚く。二〇一九年には「組織犯罪防止国際イニシアティブ」が「インドの砂マフィア」という報告書を出した。

それを支える労働者は日に二〇〇回以上潜ってバケツですくった砂を小舟に積みこむのだが、小舟一杯で五ドルの報酬というのが実態である。しかもこれが平均賃金の四倍になるので、潜水病に苦しみながらも労働者が集まるのだ。この陰には「警察官や政治家など多くの公職者の汚職を生み出している。この問題を追及するジャーナリストは命の危険にさらされている」。

ところで、白砂青松《はくしゃせいしょう》は日本人の原風景だが、実は砂浜は十七〜十八世紀の新田開発による森林消失によって生み出されたものであると知って驚いた。そこにススキやマツが勢力を伸ばして海岸の風景ができ上がったのだ。しかし今や砂浜の典型とされた千葉県の九十九里浜でも海岸は突堤、波消しブロック、コンクリートで固めた駐車場という姿である。まず川砂を用いての高度成長があり、七〇年代からは海砂も利用されたのである。

二〇一九年世界経済フォーラムは「地球は資源の収奪によって自然を危機的状況に追いやられ、持続不可能な状態に陥っている」と警告した。膨大なものと情報とに押し流されて息せき切って走り、水や空気や砂など身近で生活を支えているものを危機に陥れて、私たちはどこへ行こうとしているのだろう。

（角川新書）

〔二〇二〇年十一月二十八日〕

地球と人の未来、命を守るため木を植える

宮脇方式の森を発展させる会編『九千年の森をつくろう！——日本から世界へ』

工業化による利便性を求めて人工環境での暮しをよしとしてきた現代社会は、地球上の緑を消失させてきた。近年、二酸化炭素の大量排出が原因と思わざるを得ない異常気象の発生などもあり、森づくりへの関心が高くなっている。

ところで、森と言ってもそこにはさまざまな姿がある。ここで九千年を意識した森づくり、

つまり宮脇方式（メソッド）を考え出した宮脇昭の言葉を聞こう。

「緑にはいろいろあります。木材生産のために針葉樹を単一植樹した人工林や里山の雑木林、都市のなかの美化的、化粧的な緑、どの緑も大事です。（中略）今もっとも大事な緑は、鎮守の森に象徴される、土地本来のふるさとの木による〝ふるさとの森〟です。ふるさとの森はいのちを守り、環境を守るのです」

ふるさとの森づくりを提唱し、世界中で四〇〇〇万本近くもの木を植えてきた宮脇先生（単に横浜国立大教授の職にあったからではなく、親しみをこめて誰からもこう呼ばれ、まさに先生だった）が亡くなられた今、その思考と行動のすべてがまとめられている本書を通じて、その活動が次の世代へと受け継がれることを願う。

雑草生態学を研究していた若い宮脇にドイツの研究室から声がかかり、そこで「徹底的に現場で植物を見る術」と「その土地がどのような植生を支える能力をもっているかという潜在自然植生の概念」を教えこまれた。これが宮脇の原点であり、すべてとも言える。

帰国後、各地で植生調査をしているうちに、『日本植生誌』の必要性を感じ、〝緑の戸籍簿〟としての「植物群落組成表」、緑の現状診断図となる「現存植生図」、新しい緑環境の再生の科学的シナリオ「潜在自然植生図」を含む全一〇巻を制作する。研究チームから「私たちを殺す気ですか」と言われるほどの作業は一〇年かかった。そこには緑環境の保全と再生のためのさまざまな森づくりの具体的提案が書かれている。

宮脇方式と言われる森づくりに参加した人が、「みなしゃん！　一番大切なものはなんでしょう？　それは命です。（中略）本物は永遠に残り、偽物は消えていく」という宮脇独特の熱のこもった言葉に動かされて木を植える気になったと語っている。ドイツでの学び、植生誌の制作という地道で着実な研究があってこその信念が生み出した魅力である。

本書で「宮脇方式のエッセンス」として示される具体はまず、その土地固有の森を見つけ、それを観察するところから始まる。そして、植生生態学者がシナリオを作り、行政・会社・NPOなどからプロデューサーが出て、地域住民・社員・子どもなどが主役となって植えていくのだ。特徴は多種類の樹種の混植、密植である。ポットで育て、根が三〇〜四〇センチに成長したものを用い、後は自然の成長に任せるのである。世界各地での事例では、五年もすると森の姿が見え、一〇年で高層・中層・低層それぞれに特徴のある多層の立派な森が生まれている。

鳥が運んだ種子から成長した低木や草本も生育し、植物だ

けでなく鳥や虫も含めた多様性そのものの森となる。火災・暴風・津波などに対する防災効果があり、都市ではヒートアイランド現象を緩和することも明らかにされている。これを宮脇は「本物の自然」と呼ぶ。植物がお互いに競争し、時には我慢をして共生していく姿が自《おの》ずとでき上がり、そこには九千年継続する力が生まれるのである。

この森はテニスコートほどの土地でもつくれるので、今や日本で二七七三カ所、三三九九万六七七本、海外で一九カ国一六四カ所あり、五四四万八七七二本が植栽された。本書にあるその全記録に圧倒される。本格的な森づくり運動は一九七一年、新日本製鐵（当時）の大分製鐵所で始まった。大企業と大学が手を組むことなど考えられない時代だったが、相手の本気を確かめて始めたと宮脇はふり返る。世界各地の活動に参加した人々を代表する一〇〇人ほどが記した活動記録と「宮脇昭さんとの思い出」は、楽しい読み物になっている。

参加者に宮脇は必ず「あなたたちは本気でやるのか」と問いかける。このような活動は、本気の人がいなければ本物にはならないものなのだ。誰もが宮脇との出会いを幸せとし、森づくりが自分の生き方につながったと述べているのが印象的だ。公益財団法人鎮守の森のプロジェクト理事長細川護熙《もりひろ》氏が中心になって進めようとした、宮脇の構想に基づく「緑の防潮堤」づくりは、東日本大震災で津波に襲われた地域の今後の防災に生かしてほしかった。宮城県岩沼市の「千年希望の丘」での実証など、少数例に止《とど》まっているのが残念である。

麦わら帽をかぶった宮脇と一緒に撮った写真では、参加者の誰もがすばらしい笑顔をしている。「植樹とは、明日を植えること、いのちを植えること、そして心に木を植えることなのです」という宮脇の言葉通り、この活動は地球と人の未来を支えているのだ。本書が学校の図書室や地域の図書館に置かれて、人の力で緑が生まれていく様子を示す写真を見た多くの人が、本物の植樹に参加する社会になることを願う。

(藤原書店)

[二〇二二年六月十一日]

3　こころを考える

生命誌のなかで、生きものとしての人間を考えるときの中心的課題の一つに「こころ」があるのは当然だ。そもそも「こころ」はどこにあるのだろう。誓いの言葉を述べるときは胸に手を置くが、現代科学では心臓ではなく脳のはたらきとしてこころを捉えている。とはいえ、脳機能解析の断片をただ集めてみても、「こころ」を知ることができるはずはない。

まず脳を全体として知り、さらには身体全体にも目を向けなければ「こころ」は見えて来ないだろう。このような研究はまだ始まったばかりであり、今後広がりと深まりが期待できる分野である。「意識」というテーマに正面から向き合うことによって紡ぎ出される物語は、広い視野で「こころ」を考えるスタートとして興味深い。

脳研究を進めるうちに脳内に多数存在しながら、これまで明確な役割がわからなかったグリア細胞が重要な意味をもつことがはっきりしてきたことも面白い。ある機能だけに注目していると、私たちの身体はムダだらけに見えるのだが、全体を見ていくとムダに見えていたところに、生きものらしさを支える意味があることがわかってくることはよくある。

DNAがまさにそうである。当初タンパク質の構造決定に関わる部分を遺伝子と捉え、それは全体の二%ほどに過ぎず、大半はジャンクとされていた。ところが、そのジャンクが、身体が環境に応じてはたらくにあたってのタンパク質生産の調節を担っていることがわかったのである。これがなければうまく生きていけないというわけだ。

「こころ」に正面から挑む心理学が進化や環境のもつ意味を取り入れて展開しているのが興味深い。アフォーダンスの心理学である。「こころ」は人間の脳から身体全体にまで広げて考えるだけではすまず、周囲との関わりが重要だという視点が出てきたのである。しかも、その関わりを見ているうちに、むしろ外からのはたらきかけこそが「こころ」を動かしているという「アフォーダンス」という考え方が出てきた。

私たちは常に自分を中心にものを考えるので、自身の環境へのはたらきかけには関心をもつ。しかし、日常を考えても、外的な因子や人からのはたらきかけが私たちの「こころ」のはたらきや行動に大きな影響を与える例はいくつもある。

「こころ」についても進化という視点が重要だ。「こころ」は人間だけのものと捉える時代は終わり、他の生きものたちの「こころ」を知ろうとする研究が行なわれている。

チンパンジーやゴリラはもちろん、さまざまな動物に、自己認識をして他との関わりをもつ、「こころ」のはたらきがあることがわかってきたのだが、サカナでもそれが見られたと発見者自身が驚いていて面白い。「いのちあるところにこころあり」と言ってもよいのかもしれない。

もう一つ、現代社会で忘れてはならないのが情報である。情報技術の急速な進歩のなかで、情報の本質を問い、「こころ」の問題を考える地道な研究が始まっており、興味深い。「こころ」の問題は重要であるだけでなく、知りたいことが溢れている。ここで取り上げた研究は少し前のものだが、現在の研究の基本を示しているものである。さまざまな方向からの研究が急速に進んでいるので、これをきっかけにこの分野の本を広く読み、「こころ」について考えていくことをお勧めしたい。

「錯誤」を切り口に脳と心を論じる

下條信輔
『〈意識〉とは何だろうか
――脳の来歴、知覚の錯誤』

科学書の場合、こういうのが欲しかったんだと思わせる本に時々出会う。知りたいと思っているテーマについて、面白い考え方を示し、全体像を見せてくれるものだ。最近、脳と心の関係を扱った本がたくさん見られるようになった。科学のなかで脳研究が盛んになり、着実に成果が出始めているからだろう。ところが、新しく得られた知識がまだ断片的なせいか、全体像を捉えたものにはなかなか出会えない。しかも、脳と心の関係をどう考えるかという視点が明確に出されていないので、読んでも頭の整理ができず、不満のまま終わることが多い。その点、本書は、考え方が明快でスカッとする。

気鋭の心理学者である著者は、脳と心の問題を整理するための戦略として「錯誤」という切り口を用いる。お湯、水、氷水を入れた容器をこの順に置き、右手をお湯、左手を氷水に入れた後で両手を水に入れると右手は冷たく左手は熱く感じる。これは両手がそれぞれ異なる温度に順応したためで、その後に残る効果（残効）がそれぞれの手で体感されるからだ。知識として温度は同じとわかっていてもそれは起こる。

順応と残効の結果、「錯誤」が起きるわけだ。これをさらにはっきりさせるのが、上下が逆転する〈さかさめがね〉だ。これをかけると最初は酔ったようになり吐き気がするが、数週間で必ず馴れる。こうなると、どちらが錯誤かわからない。つまり、知覚世界の現実は、文脈や環境、適応機能に依存する複雑な構造を成しており、この種の「錯誤」は、内在的・本質的なものであって、生きていくうえで重要な機能をもつのである。

〈さかさめがね〉でわかるように、環境が変われば、それまでの正解が突然「錯誤」になることもあるわけで、正誤をきめるのは脳がそこに到るまでの「来歴」だということになる。ここで言う「来歴」とは、遺伝情報で脳ができ上がるところに始まり、環境の影響下での神経系の形成までを指す。つまり遺伝と環境を含む歴史なのだ。興味深い例を通して「来歴」の意味を考えてみよう。

中途失明した人が、点字を指先で読む練習をすると、皮膚からの感覚刺激に対応して脳内の視覚が活性化するのだ。これは「錯誤」とも言えるが、身体状況の変化に伴って皮膚と視覚をつなぐ適応が生じ、その人にとってはこれが正解になったと受けとめるのが適切だろう。

こうして著者は、「錯誤」という視点から脳―身体―世界を一連のものとして捉えていく。脳が孤立して機能し、そこで心が生じるのではないことを示すわけだ。さらには、他人にも心があると思う「錯誤」が、相手の行動を予測させ、自分の行動を調節させるのであり、これこそ本質的「錯誤」の究極だというところへ話が進む。

本質的「錯誤」とは、誰もがもち、なかなか直らず、生態学的に妥当性のあるものをさす。確かに他人の心はこれに当たると言えよう。

次いで、意識と無意識について、このどちらが先かを問い、無意識は脳の「来歴」の貯蔵庫であり、それが周辺的背景になるからこそ、そこに意識が生じるのだという答えを出す。
豊富な事例を省略し、結論だけを紹介したので本質が伝わったかどうか。「錯誤」と「来歴」という切り口ゆえに、ふとかわされた気分になったり本質を示された気になったりしながら自分で考えるのが楽しいので、是非読んでいただきたい。脳や心がもつこのようなダイナミックなつながりを見失うのが最悪の「錯誤」だと、最後に著者は鋭く指摘する。話の進め方も巧みで、ストーリーとして楽しめる。

（講談社現代新書）

［一九九九年四月四日］

言葉の力を高めることの意義

西垣通『こころの情報学』

二十一世紀は情報化社会と言われる。至るところで携帯電話のベルが鳴っているのはその証拠だろう。ところで、これは果たして人間にとってよい状態なのだろうか。なんだかますます忙しくなりそうだし、ストレスも増えそうで、もう少しのんびりした社会の方が、私には向いているような気がする。

しかしもはや、インターネットは使えませんなどと言うことは許されない気配である。情報と人間の関係を真正面から教えてくれる人はいないものかと思っていたところ、この本に出会った。こころを考えることで情報の本質が見えてくるはずだという興味深い考え方が示されている。

情報化社会では、人間のこころは情報処理機械であるとみなされる。この考えの当否の検討も大事だが、それをやっていると言葉の遊びに陥る危険があるのでここではその問題は脇に置く。それより大切なのは、人間のこころを情報処理機械とみなした時に、文化や社会に生じる「歪み」であると考え、そこに注目するのが著者の姿勢だ。

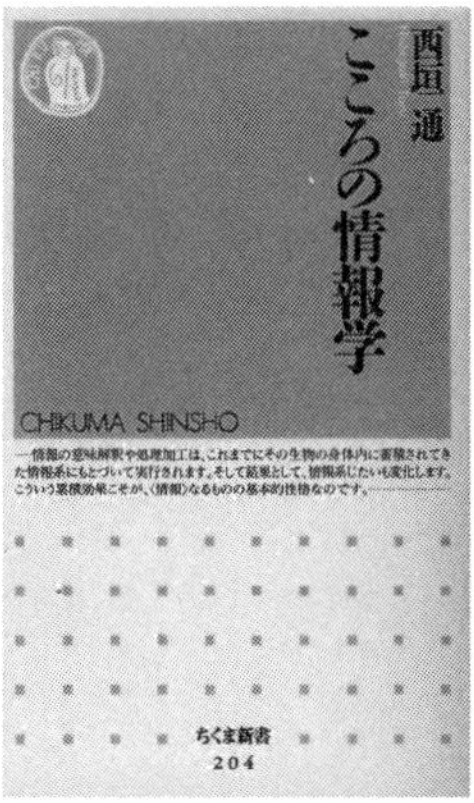

まず、情報は何らかの意味を持っているものであり、認知作用を抜きにして語ってもしかたがないという視点が示される。情報は生命と共に誕生したパターンだからである。著者による情報の定義は、「それによって生物がパターンをつくり出すパターン」となる。確かに生物

の形や行動は、まさに意味をもつパターンであり情報だ。

では、こころに関わる情報は何かとなれば、やはり言葉だろう。こころは、言語情報が織りなすプロセスと言ってよい。ここで、では機械にこころはあるか、動物にこころはあるかという問いが出てくる。人工知能研究はまさに機械に言葉をしゃべらせ、こころを持たせようとしたものである。そこで会話が成立したようには見えたが、結局、コンピュータには文脈や状況を理解して、その場に応じた答えを出すことはとても難しいことがわかった。

「冷蔵庫に水はあるかな」「ビールならありますけれど」という会話はほとんど不可能なのだ。「水は冷却器の下に溜っています」となってしまう。生物には自らを常に再生産し続ける能力があり、そのなかで偶然も入りこんだ歴史が組み立てられる。こころもこのようにして作られるもので、機械にこころを持たせるのは難しそうだということになる。

では、動物のこころはどうだろう。言葉は人間特有のものと思われてきたが、オウムやチンパンジーやボノボ（ピグミー・チンパンジー）で言葉の理解と思われる現象が次々出てきた。オウムのアレックスは、色や数がわかり、ボノボに到っては、「バナナの絵がみつかるかどうかやってみてよ」などという文まで理解する。機械と違って、ただちに文脈を読みとることのできる動物にはこころがありそうだ。ただ、具体的行動と結びつく状況の時だけしか動物のこころははたらかないのである。言葉を記号として独立させ、その結果、現代社会に存在するような文明を作り、機械にまでこころを持たせようとしている、人間という存在はやはり特殊と言えよう。

このようにして、こころを情報処理機械とみなすと、それは結局自らを統御・管理しようとすることになる。そのような中でつくられていく情報社会では、機械情報、とくに相互に矛盾する脈絡のない「意味」が襲いかかって、人間のこころを混乱させることになる。動物は本来環境から整合性がある意味を受け取りながら徐々に自己を形成していくものなのに、機械はそうではないのだから。

こうして情報とこころの関係の本質に迫っていくのだが、答えはまだ得られていない。著者は、このような中で人間のこころをこころとして存在させるには、言葉の力を高めることが重要だと示唆する。このような研究を「情報学」として提案している。今、巷で言われている情報の捉え方とは少し違い、生きものの研究と重なり合うところのある知が生まれるのだろうと期待する。

（ちくま新書）

［一九九九年七月二十五日］

生物は自ら発見した環境で運命を作る

エドワード・S・リード　細田直哉訳、佐々木正人監修
『アフォーダンスの心理学
――生態心理学への道』

自分自身が生きものだからだろう。私たちは、生きものの行動とそれがなぜどのようにして起きるのかに関心をもつ。人間をも含めた生きものへのそのような関心が、行動学、心理学などの学問を産み出したわけだが、対象が複雑であるだけに、スパッとした切り口はなかなか見えて来ない。

生まれたばかりの鳥のヒナは、初めて見たものを親と思いその後についていくという印象的な実験例を示した「刷り込み（インプリンティング）」が大流行していると思ったら、いつの間にか大勢は「利己的遺伝子」へと移っていた。遺伝子万能という眼で見れば、動物のあらゆる行動は、遺伝子を残すためだけに存在するのであって、個体は遺伝子の支配下にあり、遺伝子のためにあるという話にまでなってきた。遺伝子の重要性は認めても、そこまで極端な話ではなかろうと思っているところへ現れたのが「アフォーダンス*」という言葉である。

＊米心理学者Ｊ・ギブソンによる。環境がもっている、「自分に何を与えてくれるか」という意味、価値のこと。

しかも、刷り込みや、遺伝子に代わってなんでもアフォーダンス、のような気配も見られて、流行とは少し離れていたいという気持ちから、まともな勉強をせずにいたというのが正直なところだ。

たまたま、本書（原書）の題に〝世界との出会い〟という言葉を見つけ、それに惹かれて読んでみた。とても興味深い視点をもつ学問の誕生がここにあることがわかり、その世界に引きこまれてしまったのが現状である。著者の出発点は、人間の生を自然から分離してきた西洋の知への疑問にある。物質としての身体と魂とを分ける二元論では、科学的心理学は成立しない。ヒトの科学的研究は生理学であり、魂や神は科学的に説明できるものではないからだ。西洋の心理学はこのジレンマで四世紀の間、身動きできなかった。実は、ダーウィンがここから抜け出す道を示したのだが、心理学者はこの道を選ばなかった。そこに著者による「アフォーダンス」が登場する。「自然界にあるヒトが自分で発見する環境と自己の制約の範囲」

という言葉だけではわかりにくいが、日常行動として凸凹道と舗装道路では歩きへの意識が変わり、土の見方が変わるという例で考えるとその通りと思う。「自らの運命を形づくる人間を見ていこう」という提案の意味もわかる。

著者は、ダーウィンのミミズの実験を生態心理学の好例としてあげる。ダーウィンは、ミミズが穴の入口を葉でふさいで湿気を保つことを観察した。生態心理学では、これを「湿気を保つための行動」とは言わずに、「葉のアフォーダンスを利用して湿気保持につながる行動をした」と考えるのである。ここには、ミミズにも環境のアフォーダンスを意識しているという考え方があり、ここが従来の機械論による心理学と違うところである。西洋での抵抗が大きい所以はこのあたりにあるのだろう。

行動は刺激によって機械的にひき起こされるものではなく、自らの意識が引き出されて起こるものだという考えにひかれるのは、私が東洋人だからだろうか。チャキチャキのダーウィンっ子であるR・ドーキンスが百%機械論の利己的遺伝子に行きついたのに対して、ダーウィンを同じように高く評価する著者は、そこから総合能力である「意識」の進化を引き出し、機械論からの別離を直言しているのが興味深い（それにしてもダーウィンの存在は大きい）。

ここで言う「意識」は、行動をひき起こすものということであって従来の心理学で使われてきたものとは違っているので、この考え方に慣れなければならない。ただ私は生命誌という、人間も生きものの一つであり、長い生命の歴史のなかで生まれたものと位置づける知のなかにいるので、この考えにはとてもなじみやすい。

著者の、原因と結果ですべてを説明しようとする科学から脱け出て、価値と意味の科学をめざすという狙いも、これまたとてもよくわかる。今後、人間を考えるには、人間を特別のものとせず、生きものの進化のなかに位置づけ、行動と意識もそのなかで考えていくという科学が有効になるのではないだろうか。そこでは、価値と意味が重要になる。

生態心理学からの考察の一例としてあげられている、子どもが文化のなかで個人を確立していく過程の追跡は興味深い。ヒトは生まれるとすぐに群棲環境（多くの仲間が能動的、支援的な形で存在する）に置かれ人間になっていくのだが、現時点で言えるのは乳児環境の能動的構造化はすべての文化に共通するという程度のことで、研究はこれからだとある。

乳児はつねに多数の事物の流れに乗って無規律に動くというのが面白い。従来の思考の研究は、単一思考が基本で複数の思考を同時にするのは難しいとしてきたが、実態は逆で、一度に一つのことを考えるには、経験と練習が必要なのだ。この指摘は、子どもの時に自然という複雑なものを取り入れ、大人なるにつれてそれを整理してきたという体験と重なる。子どものなかにはたくさんのものが入っているのだ。

この学問の基本は二〇年以上前にJ・ギブソンが提唱したものだが、リードはそこに進化論の視点を入れてみごとに展開している。（新曜社）

［二〇〇一年一月七日］

モジュールで解く「人生の意味」

スティーブン・ピンカー　椋田直子・山下篤子訳
『心の仕組み――人間関係にどう関わるか　上・中・下』

わからないものには「問題」と「謎」の二種類がある。「問題」は、少しずつ知識を積み重ねて答えが模索できるものであり、「謎」は、どうすれば説明できるか見当もつかず茫然とするしかないものだ。心は長い間「謎」とされてきたが、最近、かなりの部分が「問題」になってきたと著者は言う。そこを考えてみようではないかと誘われたら、是非ご一緒にとなりますよね。そこで、暑さにめげず、少々歯ごたえのある本書に取り組んだという次第だ。

本書の主張は二つある。一つは、心の仕組みを計算機としてみる「心の計算理論」。ただしこの計算機は、日常用いているコンピュータとは異なり課題毎に処理する領域が異なるモジュール型（組み合わせ型）になっている。なぜモジュール型なのかと言えば、心を働かせるコンピュータ、つまり人間が進化の産物であり、進化的適応の結果、心が生まれたからだというのが第二の主張である。第一は認知科学、第二は進化心理学と呼ばれ、共に心に切りこむ新分野として魅力的だが、まだまだ“問題”も多い。その二つを結びつけて、小気味よく心を語っていくのだから、惹きつけられたり反発したり、読む方も忙しい。

まず、「心の計算理論」を見よう。従来の心理学が、知能はＩＱ、知覚は刺激というように、心のはたらきに直接は迫らずに心への入力と出力だけを見ていたのに対し、計算理論は、なんとか心そのものを知ろうとして、心が扱うシンボル（心的表象）とそれにアクセスするプロセスを課題とする。この見方で脳を調べた結果、脳が扱う表象に四種類あることがわかってきた。

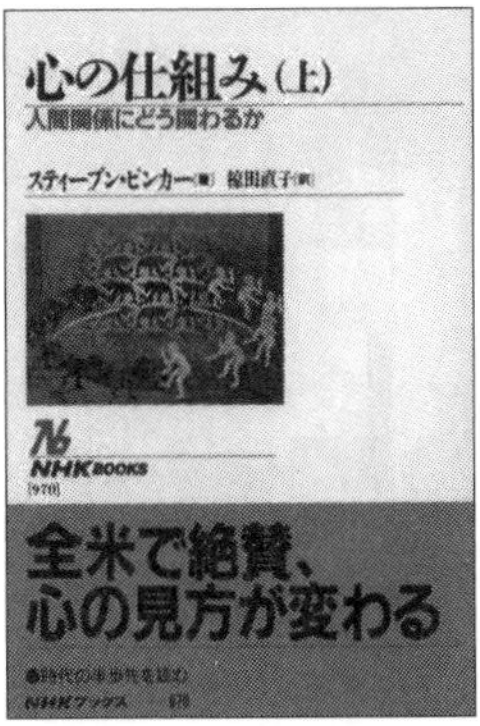

視覚イメージ（モザイク画のようなもの）、音韻表象（電話をかける時、調べた番号が頭の中で鳴っている）、文法的表象（単語

や句と節が階層を作っている)、心的言語(目で見たものを模写したり、思い出したりする時にさまざまなモジュール間での情報をやりとりするための言語)である。このように分かれていれば、その組合せで無限の思考を生み出せるし、「難しい」「似ている」などという日常の心の動きもこれで考えられる。

多くのシンボルを持つと難しいと感じ、共有するシンボルが多ければ似ていると捉えるわけだ。ただ、これで説明できないのが直覚であり、著者は、これは科学のテーマではないと言う。通常科学者はすべてを対象にし、答えを出そうとするものだが、この辺をサッと割り切るのがこの著者の特徴だ。

次に進化を見て行こう。ここはダーウィンの「自然選択による適応」の一点張りである。敵の発見、食物の査定、異性の理解などが巧みにできる個体が子孫を残すわけだが、これ以外にも生きていくための課題はたくさんある。それを全体としてそれぞれに解いていくより、モジュール型で処理したほうが効率がよいので、心のコンピュータは前述したようになってきたというのである。

そのなかで、視覚、集団生活、自由な手、狩猟という四つの特徴を生かし、因果関係に基づく推論の能力を大きく進化させたのが人間ということになる。こうして、著者言うところの「認知的ニッチ」へ入りこんでいった私たち人間は、農業革命、産業革命、さらには混乱して先行き不透明の現代社会へと進むことになる。ところが、人間の心の適応は今も狩猟採集時代の環境に向けてなされたものであり、現代社会へのものではない。ここに大きな問題があるというのが著者の指摘だ。現代社会を生きる生活者の感覚として、重なってくる。ここは考えるべきところだと思う。

以上のような視点で、現代人の情動や家族の価値を分析し、最後は人生の意味まで扱うのだが、結局解決できない課題として、直覚、自己、自由意志、意味、道徳性を残すことになる。これこそ知りたいのにと思う一方、進化心理学者には、進化ですべて解決できるように語る人も少なくない中での、この節度はむしろ気持ちがよい。論理的で視野が広く、論争を挑みながら読む楽しさをたっぷり味わった。

（ＮＨＫブックス）

［二〇〇三年八月十七日］

脳内情報処理を総合的に考える時

R・ダグラス・フィールズ　小西史朗監訳、小松佳代子訳
『もうひとつの脳
――ニューロンを支配する陰の主役「グリア細胞」』

話はアインシュタインの脳から始まる。相対性理論はよくわからないけれど、舌を出した写真が有名なのでもわかるように、独特の魅力がある人だ。一九五五年、アインシュタインの遺体を解剖した病理学者が、その脳を残したい衝動を抑えられず内緒で保存液に漬けたのである。そして三〇年後、神経解剖学者が、その大脳皮質の前頭前野と下頭頂野の切片を調べた。前者は抽象化、計画立案に関わり、後者は損傷すると数学的思考が困難になることが知られている領域である。あの理論を考え出した脳ならどこかに何か特徴があるはずだと期待していたに違いない。

ところが、ニューロン（神経細胞）の数、大きさ、見かけなどのいずれもが、両領域で対照群と何ひとつ違わなかったのである。ただ、グリア細胞と呼ばれるニューロンではない細胞だけが、アインシュタインの脳には他の人の倍近く存在した。

グリアは日本語では膠《こう》細胞と呼ぶ。神経細胞の接着剤とされ、その機能にはほとんど関心がもたれてこなかった。しかし、今回のデータを見るとそれではすみそうもない。それもあってか近年グリア細胞の研究が進み、思いがけず多様で重要な機能が明らかになってきている。著者はその中心的役割をしている神経科学者である。

グリアには、まず脳・脊髄全域にあるアストロサイトとミクログリアの二種がある。さらにニューロンの軸索の周囲に電気的絶縁体（ミエリン）を形成するオリゴデンドロサイトとシュワ細胞があり、前者は脳・脊髄で、後者は末梢神経ではたらき、軸索での情報伝達の速度を一〇〇倍（時速三〇〇キロほど）にしている。グリアについてはこれ以外の機能はほとんど示されてこなかった。

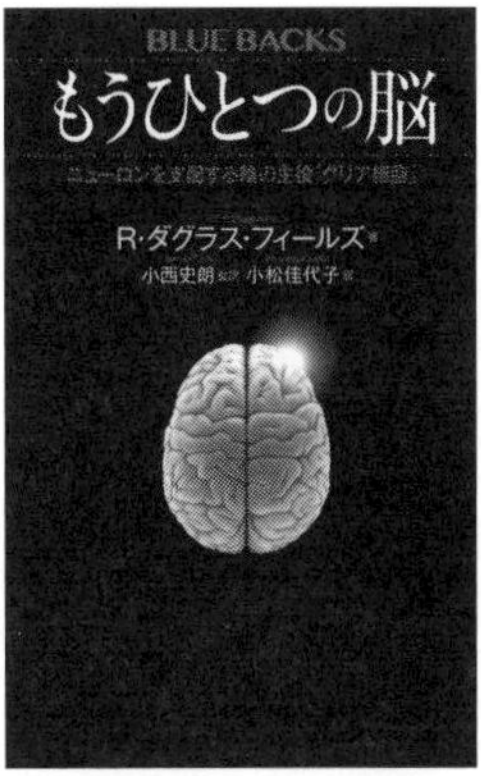

本書では、ニューロンに絞って研究されてきた思考と記憶という機能へのグリアの関わりが明らかにされる。そして、脳腫瘍、神経疾病、痛み、老化など、健康と病気とをグリアを通して見ていく。その結果、脳細胞の八〇％以上を占めるグリアがニューロンを制御している場面が次々と登場し、脳のはたらきを理解するには「ニューロン中心主

義」でなく、ニューロンとグリアの関わりを見る必要があることが示される。

一例をあげよう。ラットの脳で記憶に不可欠な海馬を切片にし、そのアストロサイト上に電極を配置し、わずかな電圧で刺激した瞬間、神経回路内のシナプスが電位変化を起こした。またアストロサイトの遺伝子が海馬の長期記憶増強を損なったり促進したりすることや、アストロサイトへのカルシウム流入が神経伝達物質であるグルタミン酸を放出させてニューロンを刺激することもわかった。グリアであるアストロサイトが、周囲のシナプスを抑制して記憶中枢への特定の入力を際立たせ、集中調整をしているのである。

脳の形成時に、マスターグリアと呼ばれる細胞がニューロンを脳内の適切な位置に誘導することは知られていた。近年このグリアのもつニューロン生成能も明らかになった。成熟マウスの前脳で、残留していたマスターグリアがニューロンに転換し嗅部と海馬に組みこまれる様子が捉えられたのである。病気や障害での損傷に備えているに違いない。

ほんとうの脳を知るには、著者のいう「もうひとつの脳」、つまりグリア細胞の研究が不可欠であることが見えてきた。ニューロンのインパルス（神経衝撃）が数ミリ秒で動くのに対し、カルシウムによるグリアの反応は数秒、時に数分の単位で起きる。ストーブに触れた熱さや痛みへのすばやい反射機能はニューロンまかせだが、慢性疼痛にはグリアが関わる。ゆっくり発現する認知機能の調節もグリアの担当だろう。脳内情報処理を、点と点をつなぐニューロンのシナプス結合からだけでなく総合的に考える時が来ているという指摘に耳を傾けたい。

（講談社ブルーバックス）

［二〇一八年七月八日］

鏡で二度見して確かめる衝撃

幸田正典

『魚にも自分がわかる——動物認知研究の最先端』

「ほんまかいな」。著者の語り口につられて、思わずこんな言葉が口をついて出た。「ホンソメワケベラという一〇cmもない小さな熱帯魚が、鏡で自己の顔を覚え、そのイメージに基づいて鏡像自己認知を行なっていることが、明らかになった。そのやり方はヒトとほぼ同じなのである。つまり、小さな魚とヒトで、自己認識という高次認知とその過程までもがよく似ていたのだ。こんなことをこれまで誰が予想しただろうか」とは、著者の言である。

脊椎《せきつい》動物の脳については、爬虫《はちゅう》類脳（脳幹と大脳基底核）、旧哺乳類脳（大脳辺縁系）、新哺乳類脳（大脳新皮質）と進化につれて新機能が加わる三段階仮説が唱えられ、魚や両生類は蚊帳《かや》の外だった。ところが近年、魚類で大脳、間脳、中脳、小脳、橋、延髄のある脳が完成しており、神経回路網も全脊椎動物で同じだとわかってきたのである。

実験を見て行こう。家族で子育てをするプルチャー（タンガニイカ湖の魚シクリッド）は個体ごとに違う茶・黄・青の模様が、顔だけにある。並べた水槽の魚は最初激しく攻撃し合うが、四、五日でそれをやめ、隣人関係ができる。ここで隣人（実際は隣魚）とまったく知らない個体の間での顔を入れ替えた合成写真をつくってそれを見せると、顔を知っている個体の画像には寛容で、知らない画像には警戒の様子を見せた。しかも、隣人関係になったAとBという二個体間の区別もできた。全身に模様のある熱帯魚ディスカスを用いた実験でも、個体の区別は顔でなされていることを確認した。

ここで「魚に鏡を見せてみた」。選んだのは一夫多妻の社会をもち、体表につく寄生虫を捕る習性のあるホンソメワケベラだ。最初は鏡を攻撃していたホンソメが、三日目頃から鏡の前で「不自然な行動」（上下逆さになったり踊ったり）を始め、一週間で攻撃を止めた。チンパンジーに鏡を見せた時も不自然行動が見られ、それは自己の確認行動だとされている。

そこで、寄生虫がつくと石などでこすって捕ろうとする習性を利用してマークテストを始めた。喉に茶の色素を注射し、鏡なしと鏡ありの状況に置くと、前者では何事も起きず、後者でだけ喉をこすった。マークを透明にするとどちらもこすらない。こすっているビデオを初めて見た時、著者は「あまりの衝撃に『オーっ』と叫んだ。ほんとうに椅子から転げ落ちそうになった」とある。しかもこすった後、もう一回鏡で確かめるというのだから、「鏡像自己認知」ができたと言う他なかろう。

勇んで有力科学誌に投稿したが、霊長類の知性研究の二大巨頭ドゥ・ヴァール教授、ギャラップ教授らの批判で却下となる。批判は関心の証しと受け止めた著者は、他の雑誌に投稿し多くの称賛を得る。ここから先は、科学研究が認められていく過程を示す物語として非常に面白い。

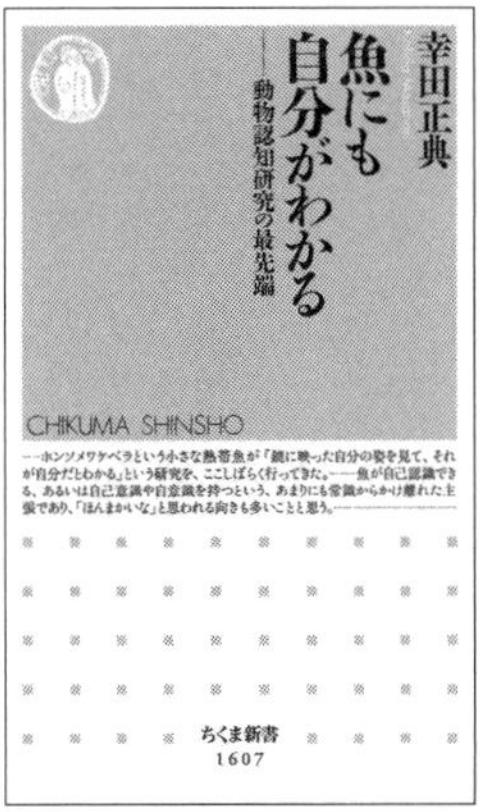

著者は、ホンソメがヒトと同じく顔で鏡像自己認知していることを確認し、自己意識にまで問いを広げた。実験を重ねた結果、今ではホンソメに「ユーリカ（わかったぞ）」の瞬間があると感じているという。魚に「内省的自己意識あり」、別の言葉で「こころあり」という仮説は、今後の検証で支持されるだろうと自信をもって

語っている。
近年、社会性のある動物で自己認知が多く知られるようになった。ここに示された「自己意識相同仮説」は正しそうであると感じ、ここまでこころの世界が広がっている生きものの世界の一員としての人間の生き方を真剣に考えなければならないと思っている。

（ちくま新書）

［二〇二一年十一月二十日］

4　ＡＩはあくまでもＡＩである

——知能と言語に見る人間らしさ——

今や、人間とは何かを考えようとするとＡＩ（人工知能）を思い浮かべないわけにはいかない。重要なのは、人間にとってのＡＩというテーマを扱う場合には、情報だけでなく身体性や偶発性も見なければいけないということである。これを決して忘れてはならない。すると、「人間は何もしないでいられるから、さまざまなことができる」という特徴が浮かび上がってくるというのだから面白い。さらには、「高度な読解力と常識、柔軟な判断」こそ人間の力であり、ＡＩにはないものだということもわかってくる。これを育てるのが教育であるという明快な指摘には諸手を挙げて賛成だ。これを見つけたＡＩ研究者が、ＡＩよりも子どもたちに関心を抱くようになっていく過程が興味深い。

やはりこの問題の本質に迫るには、人間にとっての言語という課題を取り上げなければならない。チョムスキーの生成文法を求めての脳研究、文字をもたない狩猟採集民との生活など、言語を解く鍵はあちらこちらにある。今後、これらを総合して人間の本質を探ることになるだろう。個性ある研究者の発想に惹かれたのが『天然知能』である。子どもの頃は、すべて天然知能であり、これぞ人間の特権であるという指摘は頼もしく、ＡＩ、ＡＩと大騒ぎするのは止めましょうと言いたくなる。しかし社会全体としてはＡＩに夢中という状況である。

ＡＩは、大量のデータを処理して答えを出すことについては、人間を遙かに上回る能力をもっている。それを活かせば、将棋のようにルールのある場合によい手を素早く選択することができるだろう。また、多くの文を読みこんで文をつくることも可能になった。

けれどもそれを支えているのは論理・確率・統計であると言われると、私とは違うと思わざるを得ない。個人としてはチャットＧＰＴで書かれた文を文と認める気はない。文法的に正しく、内容も悪くないとしても、既存の文から抽出したものでしかないのであり、文としての意味はないと思うからである。

大量のデータ処理はＡＩにお任せするのがよいことはわかり切ったことだ。しかし人間に求められるのが〝創造〟であることを忘れて、ＡＩが人間を超えると安易に言うのは、人間とは何であるかを忘れた言葉に思える。

今こそ人間の本質を考えるよい機会であると思うのだが。

大澤真幸・川添愛・三宅陽一郎・山本貴光・吉川浩満『私たちはＡＩを信頼できるか』

人間の生き方を考え、問う

ＡＩ（人工知能）の解説書を読んでも全体像は見えず、期待と不安がないまぜの落ち着かない気分になるばかりだった。本書ですべて納得というところまでいったわけではないが、考える方向が見えてきたような気がした。

ＡＩについて考えるときの大きな問題は、知能とは何かがわかっておらず、その定義が不可能なことである。本書では「人間から見て知能っぽく感じられる何かしらの仕事を、コンピュータに自動で行なわせる仕組み」を知能として捉えることにしている。何を知能っぽく感じるかは人それぞれで違うだろうし、そもそも「〜っぽく」という言い方自体あいまいであり、すっきりはしない。そうは言っても、他によいきめ方が見つからないのでここから始めるしかない。

ＡＩ研究・ゲーム開発を専門とする三宅が「つくる」、言語学の川添が「使う」、社会学の大澤が「共に生きる」をテーマに語る。

三宅は、世界を細分化して理解する能力ではＡＩが人間に勝るが、「偶発性の観点では人間の圧勝」と語る。そして、知能と生命は不可分であり、ＡＩを情報だけで考えず、「内部構造、身体性、世界の偶発性」の三つの深さをもたせる必要があると指摘するのだ。その三つをもつのが人間の特徴であり、ＡＩに果たしてそれがもてるのだろうか。ニューラルネットワークを用いて混沌《こんとん》をつくり出す新しい動きに期待していると言われると、ＡＩでわざわざ混沌ですかと問いたくなる。これで現実世界とのつながりが見えるかもしれないが、人間にとっての混沌の意味を考える必要があるのではないだろうか。

川添は、ディープラーニングを用いて文学を書くＡＩには、相手にこれを伝えたいという意図も表現欲求もないことを指摘する。しかも自分が学んだデータに問題点を見つけようとする能力はなく、人間がよく抱く「何かおかしい」という問いは出せないのだ。ここでも生命に必要な能力をもつ身体の必要性が浮かび上がる。要は、ＡＩのバイアスをどう取り除くかが重要であり、それには人間が知恵を手放さないことだという言葉が印象的だ。

大澤は、「ＡＩは人間のようには考えない」のであり、物語性や規範的次元がないことに注目する。ビッグデータを駆使したＡＩの答えに振り回されている人間は偶有性を失い、無意識の次元の自由を奪われているという指摘は重要だ。巷《ちまた》に見られるデータ教への疑問は、評者も共有する。ＡＩにつきものの難題である「フレーム問題」（関連要素の限定不能性）を突き詰めると、人間の特徴は不要なものの無視ができることであり、それが無為につながることがわかってくるというところが興味深い。「人間は〈何もしないでいられる〉がゆえに、さまざまなことができるのだ」という言葉に考えさせられた。ここから「他者」という課題も生じる。

三人の話から見えてきたのは、「ＡＩはＡＩだ」ということの確認だった。あたりまえと言えばあたりまえだが、そう考えていない人の方が多いように見える昨今、大事な確認である。

座談会では、ここまでに出た課題を踏まえて、「社会の一員としてのＡＩをどう信頼するか」を話し合う。否が応でも登場してきたのだから、考えざるを得ないテーマだ。ここで人間は無根拠に相手を信頼することで社会を円滑に動かしているという視点が出される。

確かにそうだ。実際には信頼できない人がたくさんいることがわかっていても、この原則がないと社会は動かない。この信頼は同じ共同体への所属に根があり、これを外に広げるには価値観の共有が必要だ。現在のＡＩに価値観を云々《うんぬん》することはできないので、ここでまた「ＡＩはＡＩだ」となる。あえてそれを考えようとするなら、大量のアウトプットからの推測という

方法しかないが、そこに信頼が生まれるものだろうか。
ここで出てきた答えは、ＡＩ開発は、「人間がどう生きようとしているのか」という問いを投げかけているのだということではないだろうか。つまり、現代社会に存在する人間自身に対する不安がＡＩに投影されているのであり、今必要なのは、人間そのものを直視して知る努力をし、生き方を考えることが大切だというのが読後の思いである。

（文藝春秋）

［二〇二三年十月八日］

人間にしかできないことを考える

新井紀子『AI vs. 教科書が読めない子どもたち』

タイトルのなかに、ＡＩをめぐるこれからの社会のありようが凝縮されている。読み終わると、今、何が問題であり、何をすれば人間が人間として生きる社会をつくれるかがかなりよく見えてくる。なんとも気持ちのよい本だ。囲碁や将棋のプロにコンピュータソフトが勝ち、

ＡＩは人間の能力を超えるとか、近い将来、ほとんどの仕事はＡＩにとって代わられるなどと言われている。けれども、ゲームでビッグデータを背後にもつコンピュータが勝ったからと言って、ルールなどない日常でＡＩが優位に立つと言えるのだろうか。そもそも人間の能力とは何かがわからないのにそれを超えると言われても困ると思い、その説明が欲しいと思っていた。

この素朴な疑問に本書はこう答える。まず現在「真の意味のＡＩ」は存在せず、「ＡＩ技術」があるだけであり、そのＡＩ技術が人類を滅ぼすことはない。しかも、シンギュラリティ（真の意味のＡＩが自律的に自分より能力の高い真の意味のＡＩをつくる地点）は本質的に来ない。これは数学者として断言できると著者は言う。少なくとも現在、人間とＡＩを比べて優劣を語ることは無意味ということになる。

では、現在のＡＩ技術に何ができるのだろう。著者は「ロボットは東大に入れるか」（東ロボくん）というわかりやすいプロジェクトで、その解明に挑戦する。最初にタネ明かしをしてしまうと、著者はＡＩが東大に合格することはないと予測しながら、その能力検証のために不可欠な作業としてこのプロジェクトを始めている。研究者らしく割り切ったアイ

ディアの出し方が魅力的だ。

ＡＩブームはこれで三回目である。前二回のブームが消えたのは、人間の考えは論理に基づくのだからＡＩ技術も論理で考えようとする誤りをしたためであることがわかってきた。そこで今回はＡＩ技術として「機械学習という統計的方法論」を導入したところに新しさがある。イチゴとは何かについて説明してある辞書を読んでも、それがどのようなものかはなかなかわからない。実際にイチゴを見れば、まさに一目瞭然だ。ところで、子どもはイチゴを数回見ればわかるのに、機械はこれを万、時に億の単位で見る必要がある。イチゴをイチゴとする「教師データ」を大量につくって学習させなければならない。

最近盛んになったディープラーニングでは、どの特徴に目を付けるべきかをＡＩが検討し、十分量の教師データをもとにＡＩ自身が調整できるようになったので精度があがったのである。東ロボくんはこのような技術を背景に入試に挑戦したというわけだ。

まず科目ごとに戦略を決める。ＩＢＭが開発し、今やクイズ番組で大活躍のワトソンの改良型、論理型、ディープラーニングと通常の機械学習の比較型などさまざまな技術を駆使し、受験生のなかで上位二〇％に入る成績になるところまできた。人間は科目によってこのプロジェクトで開発したさまざまな戦略のなかから、その科目に適した戦略に相当する頭の使い方をしているのだろう。

この小さな頭で、大したエネルギーも使わずにそれをやってのけるのだからやはり人間は面白いと、生きもの側に立ちたくなる。上位二〇%は東大には合格できないが、有名私立のMARCH（明治・青山学院・立教・中央・法政）の合格レベルだという。プロジェクトに関わった一〇〇人の研究者の努力によってAI（技術）くんがどんな問題をどのように解いたかは本書で楽しんでいただきたい。

ここで、東大合格は、今の技術の延長上にはないと著者は言う。スパコン、量子コンピュータ、ビッグデータなどで解決できないかという問いにもノーだ。最も大きな壁は「常識」なのである。たとえば、家庭の冷蔵庫から缶ジュースをとり出すのがロボットには難しい。「私たち人間が『単純だ』と思っている行動は、ロボットにとっては単純どころか、非常に複雑なのです」とある。

英語チームは一五〇億の文を学習させディープラーニングを活用したが、ごく常識的な会話の四択問題が解けなかった（常識的だからこそ）。数学は論理・確率・統計の世界であって意味は記述できないことは明らかであり、数字でできているAIに意味が理解できないのは当然である。自然言語処理は論理だけでは攻められないことも明らかであり、AIには常識を求める設問には答えられないという本質的課題がある。

とはいえ、現在のＡＩにもできることによって今、行なわれている人間の仕事が奪われることは予想できる。人間にしかできないのは「高度な読解力と常識、加えて人間らしい柔軟な判断が要求される分野」だと著者は言う。これがＡＩには不得意と判ったところである。

ところが、ところがである。東ロボくんプロジェクトと並行して大学生の数学理解度テストをしたところ、数学そのものではなく、日本語で書かれた問題の読解力に問題があることがわかったのである。そこで中高生の読解力調査法を開発して調べたところ、三人に一人が簡単な文章を読めないことが明らかになった。

「Alexは男性にも女性にも使われる名前で、女性の名Alexandraの愛称であるが、男性の名Alexanderの愛称でもある」という文章を読ませたうえでAlexandraの愛称を四択で問うと、正答率は中一は二三％、中二は三一％、中三は五一％となった。これには驚いた。著者にとってはこの方が東ロボくんの改良より緊急課題となった。この事実は、現在の教育はＡＩで代替できる人を養成しているのではないかという疑問につながる。早急に教育を変えて、人間にしかできないことを考え実行する人を育て、人間として生き生き暮らす社会にするのが、今、非常に大事であることが見えてきた。

（東洋経済新報社）

［二〇一八年三月十八日］

推理小説感覚で読む先端言語学

マーク・C・ベイカー　郡司隆男訳
『言語のレシピ――多様性にひそむ普遍性をもとめて』

「ヒトゲノム塩基配列解読」の終了宣言がなされた（二〇〇三年）。三〇億文字、一ページに一〇〇〇文字書かれたとすると三〇〇万ページにも及ぶ文字配列の解明なのだから、宣言という大げさな言い方も許されるだろう。ただ、研究としてはここが始まりである。ズラリと並んだ文字がどのような意味をもっているのかを読み解くのがこれからの課題であり、これはなかなかの難問である。

そこで、まずは人間の言語では文字がどのような規則で並んでいるのかを知りたくなり、言語学の本を手にしたが、どれも難しくて困っていたところで出会ったのが本書である。帯に「謎解きのおもしろさ」とあるが看板に偽りなしであり、ゲノムにもつながりそうな感じがする。

第二次大戦でラバウル港に向かう米軍機が、次々と日本軍の高射砲に撃ち落とされた。暗号が解読されていたのだ。対策を考えた米軍は、アメリカ先住民ナヴァホ族を呼び寄せナヴァホ語を暗号として、この難関を切り抜ける。つまり、機械暗号は解読できるけれど、自然言語は手強いのだ。しかも必ず通訳できるという利点があり、米軍はこの二面を利用したわけだ。言語がもつこの普遍性と多様性のパラドックスの解明をしたいと考えた著者は比較言語学に取り組む。

著者はまた、化学が多様な分子を構成する原子に周期律表を発見することで学問体系をつくったことに注目し、言語の多様性を生み出す有限個の基本要素（パラメータと呼ぶ）、つまり言語の原子を探し始める。パラメータをすべて探し出せれば、それは周期律表にまとめられるだろうという希望を持ちながら。さまざまな分野に関心を持ち、他分野を参考に新しいアイデアを生み出していくところが興味深い。

美味しいパンを勧める時に（著者はベイカー）、サンプルをあげるのがよいか、レシピを渡すのがよいか。日本語を知っているということは、日本語のサンプルすべてを知っていることではなく、日本語の話し方、つまりレシピを知っているということであり、レシピが大切だ。パラメータはそのレシピのなかでできる料理であり、言語間の違いを生む基本ステップである。

たとえば、A（動詞）とB（目的語、埋め込み節、前／後置詞句）の関係は、英語ではつねにAがBに先行し、日本語ではAがBの後にくる。名詞と関連する前後置詞句、助動詞と主動詞など八種のAとBの組み合わせがあるが、英語はすべてA先行、日本語は必ず後続という規則が見られる。しかも言語のうちの九五％はこのいずれかに属し、両者がほぼ同じ割合（四〇％強）で存在する。そして、どちらのタイプもすべての大陸で見つかることがわかった。

英語と最も遠い言語はどれかというコンテストがあったら優勝候補になるに違いない言語は、ニューヨーク州北部にいた先住民の言語であるモホーク語だ。ところで、両者を比べるとパラメータはほとんど同じである。だがただ一つ、モホーク語には「動詞は、それが記述する出来事の主要関与者（主語、目的語、間接目的語）を個々にあらわす何らかの表現を含まねばならない」という多総合性パラメータと呼ばれるものがあるところが違うのだ。多総合性の説明は難しいので省略するが、その言語では、動詞を中心にたくさんの言葉が一緒になっていき、「私は学生だ」という文ができてしまう。従ってとんでもなくふしぎな言語に見えるが、パラメータで見ると一つの違いであるというところが面白い。

多総合性言語は、現在どれも小さな地域の言語なのだが、それはたまたま近代国家の発展がヨーロッパで起き、この大陸がなぜか言語の多様性に乏しく（ほとんど印欧語）、多総合性言語を持たなかったからだけのことだという指摘には説得力がある。

これまで述べてきたことから、人間の言語が一つでなく、しかし制約のかかった境界のなかでしか変異しなかったという事実が見え、それはなぜか、という問いが生まれる。とても面白いテーマの推理小説を読んだ気がしながら、頭の片隅で、実は、これから解いていかなければならないゲノムのはたらき方にも制約のかかった変異という性質があるのかもしれない、と考えていた。

（岩波書店）

［二〇〇三年五月四日］

「文法装置」に注目し、脳内を探る

酒井邦嘉『チョムスキーと言語脳科学』

言葉ほどふしぎなものはなく、人間を知るには言葉を知らなければならないと言ってもよいように思うが、多様な言語の個別の研究はあっても、その底にあるに違いない共通性を捉えるのは難しい。

そこに、人間の脳には「言葉の秩序そのもの」があらかじめ組みこまれているとし、「普遍文法」という魅力的な考え方を出したのが、N・チョムスキーである。もっともその主張にはわかりにくいところがあり、「世界で最も誤解されている偉人」だと著者は言う。たしかに私もその著書を読んでもなかなか理解できなかった。「かった」と過去形にしたのは、著者による理路整然とした明快な解説（専門家から出されている批判までも含めて）でわかったような気がしてきたからである。

「人間は『言葉の秩序』を学習によって覚えるのではなく、誰もが生まれつき脳に『言葉の秩序』自体を備えている」。このような性質をもつ言葉を支える基盤は三つあるという。第一は、話された言葉である。書かれた文の集積データ（コーパス）からパターンを抽出する方法で言語を解析するのではなく、名詞・動詞などの特性を表す「素性《そせい》」のはたらきに法則性を探すこと。第二は、なぜ子どもはこれまでに聞いたことのない文をつくれるようになるのかという「プラトンの問題」に答えること。第三は、文には必ず木構造（枝を出す構造）をもつ階層性があり、同じような構造をくり返しあてはめて（再帰性）いけばどんなに長い文でも作れること。

著者はこのような三つの基盤の提案が「言語学をサイエンスにした」と受け止めている。文に意味があるかどうかは文法とは別問題だ。文法的に正しくても意味のない文はいくらでもつくれる。まず、ここにあげた〝再帰性〟と〝階層性〟を文法を考える鍵としよう、という著者の誘いに従って先へ進もう。

著者は、チョムスキーの主著『統辞構造論』を徹底的に読み、ここで言う文法の本質を解読していく。統辞とは「文を構成する時の文法規則」であり、チョムスキーはこう語る。

「統辞論（syntax）は、個別の言語において文が構築される諸原理とプロセスの研究である。ある言語の統辞的研究は、分析の対象となっているその言語の文を生み出すある種の装置と見なせるような文法を構築することを目標としている」。

ここで著者が注目するのが「装置」という言葉であり、この文脈で「装置」と言えば脳であろうという答えを出す。脳科学者である著者は早速脳内に「装置」を探っていくのだ。これまでも言語に関する研究として「失語症」の研究が多くなされたが、そこでは脳の入力と出力にだけ目が向けられてきた。そして、理解（入力）の障害を「ウェルニッケ失語」、発語（出力）の障害を「ブローカ失語」と呼び、それぞれに相当する部位が見出された。実は「文法」の機能を失ったと思われる症例があるのだが、脳内に文法を担当する部位があるとは考えない研究者が多いのだ。

それに対して、脳には文法に関わる部位があるはずだと考えてｆＭＲＩなどを用いての実験を続けた著者は、脳内に語彙・音韻・読解・文法に相当する部位があり、相互に関わり合いながらはたらいていることを見出した。しかもそのなかで「文法装置」が車のエンジンの役割をしていることも見つけたのである。

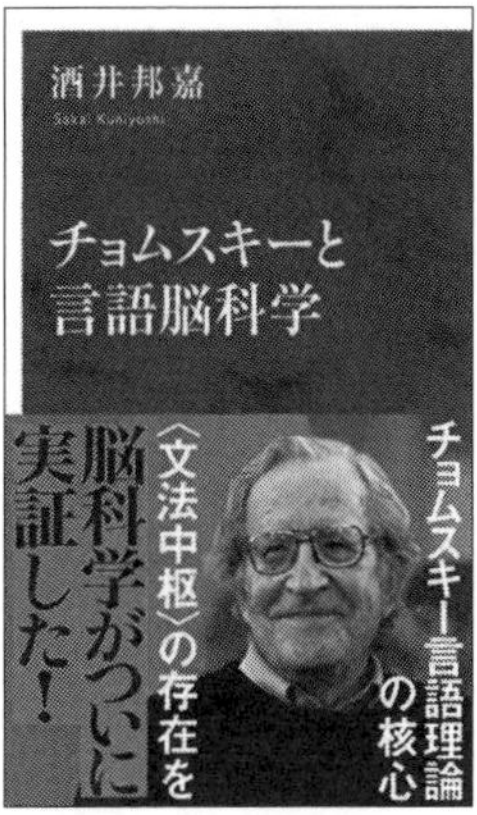

ところで、「文法装置」があるとわかってきた部位は、これまで短期記憶に関わるとされてきた場所と重なっていた。そこでこれを区別しなければならない。「太郎は、

三郎が、彼を、ほめると、思う」という文を見せて文法上の判断と記憶の有無を区別できるような問いを立てるという、とてもよく工夫された方法で解答を導くプロセスは興味深い。このような実験を積み重ねた結果、文法中枢の損傷による「失文法」が存在することを確認した。これぞチョムスキーの言う「文法装置」と言ってよかろう。まだまだ検証しなければならない事柄はたくさんある。一つ一つ石を積んでいくつもりだという著者に期待する。

（集英社インターナショナル新書）

［二〇一九年七月十四日］

「え？」が象徴、会話は協力を求める

ニック・エンフィールド　夏目大訳
『会話の科学——あなたはなぜ「え？」と言ってしまうのか』
伊藤雄馬
『ムラブリ——文字も暦も持たない狩猟採集民から言語学者が教わったこと』

『会話の科学』には日常会話について次のことがわかった、とある。
・質問への答えにかかる時間は平均〇・二秒。瞬きの時間と同じだ。
・「いいえ」と答えるのには「はい」と答える時より時間がかかる。
・返答は一秒を基準にして速い、遅い、ちょうどよい、返答なしと判断される。
・会話中八四秒に一度「え？」など相手の言葉を確認する言葉が発せられる。
・六〇語に一語は「えーと」「あー」など、一見無意味な言葉である。
言語学では語義や文法の研究が主流であり、会話の科学的研究はほとんどない。これに疑問

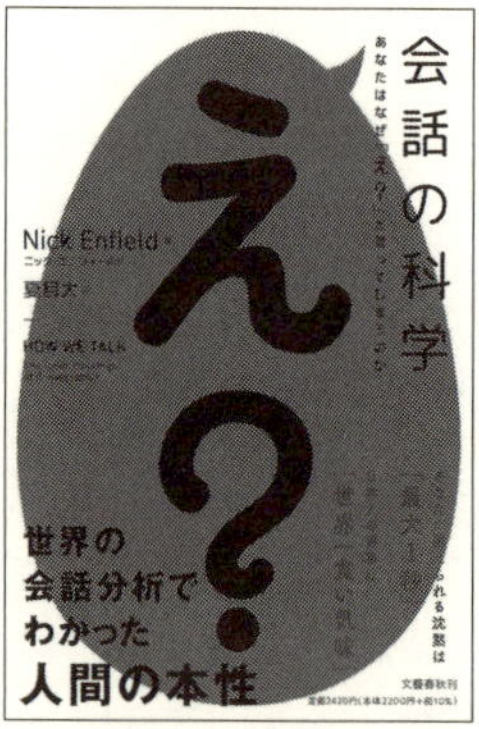

を抱き、言語の真の価値は会話にあると考えた著者は「どれほど簡単な会話でも二人以上の人間が正確に時間を計りながら協力し合わなければ成り立たない」ことに気づく。そのとき人間は、一つの構造のなかの互いに連動し合う部品となると見て「会話機械」という概念を生み、その構造の解明に取り組んだ。パプアニューギニア、メキシコ高地、ナミビア、ラオスで用いられている言語と韓国語、日本語、イタリア語、デンマーク語、オランダ語、英語の一〇の言語を調べた結果、最初にあげた事柄が明らかになったのである。

話者交代の時間である〇・一〜〇・二秒は、脳が言語を発するために必要とされる〇・五秒より遥《はる》かに速い。「会話で一度に話すのは一人」となるので、相手は順番がきたら素早く話せる準備をしているのである。日本語での応答は〇・〇〇七秒と調べた言語のなかで最短である。相手を慮《おもんぱか》る文化と関係するのか単にせっかちなだけなのか。こんなことを考えながら、会話の研究はなかなか面白いと思った。

会話は通常一秒以上は途切れず、肯定的な答えは前半〇・五秒のうちになされる。一方肯定でない時は、対応の始まりは早いのだが、実際に出てくるのは呼吸音だったり「えーと」だったりとなり、実質の答えは〇・六秒後と肯定の場合より遅くなる。ここでは「えーと」が微妙な意味を伝達する重要な役割を持っているのであり、このような一見無意味な信号とされる「簡単な言葉が道徳上重要な意味をもつ」と著者は言う。会話の際に、誰もが一定の規範に従い、互いに協力する道徳的責任を果たそうとする意思をもつからこそ、「えーと」などを用いて、言葉の流れを制御しているというのだ。

Huh?（え？）が面白い。これに相当する言葉はどの言語でもよく似ているのだ。相手の言葉がよくわからないのだが、会話は進めなければならないという気持ちの表現として用いられるこの言葉は、文法ではなく使う人の協力的姿勢によって成り立っているものなので、収斂《しゅうれん》進化したのだと著者は考える。

会話に注目することによって、言語が人間の社会的認知や相互交流能力と結びつき、言語のためだけの専用能力が見えてくることがわかってきた。今後、文法と会話の両方に目配りした研究が進んだら面白かろうと期待している。

『ムラブリ』は、タイの文字をもたない狩猟採集民ムラブリと共に暮らし、彼らの用いる言語を学び、研究している若い言語学者の報告である。言葉を知りたいという気持ちを越えて、ムラブリが何を考え、何を話しているのかを知りたいと思うようになった時、言葉がすらすらと口から出て、聞きとりも上達したというのが興味深い。「森の人」を意味する「ムラブリ」は、DNA解析によって五〇〇〜八〇〇年前に農耕民から独立した集団とわかった。

　著者は、ムラブリ語はクレオールではないかと考えている。

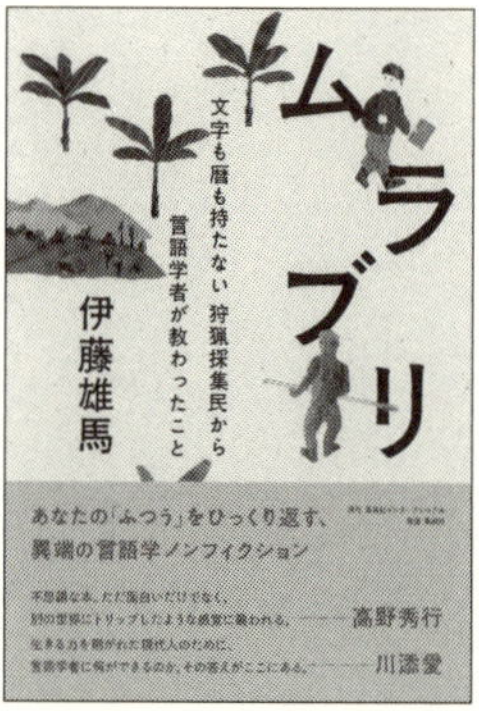

「所有表現の語順が『人—モノ』であること、『なに？』という疑問詞が二つの要素から成っていること、重複などの仕組みの乏しいこと」というクレオールの特徴があるからだ。この語にある三つの方言は、それぞれ五〇〇人、四人、二〇人という少人数の間でだけ使われているのに、年寄りと若者で言葉が変わってきているというのだから驚く。

　言葉とはなんと柔軟なものなのだろう。彼らが共に暮らしたり離れたりする生活を見て著者は「言語が人々を統合し、同時に分離すること」を知る。同じ言語を話すときに、ぼくらは同じだという気持ちになるのは、会話が協力を求めるからだろう。人間は同じで違い、違って同じ存在であり、言語はまさにそれを示すものなのだ。

　文字のないムラブリ語を学んだ著者は、「ムラブリ語を話せるようになる過程で変化した自分自身」が研究成果だと言う。言語は恣意《しい》的と言われるが、言葉が生まれた時には、そこで語り合った人の間に共感が生じたに違いない。そのとき出される音は「どんな音でもよかった」はずはなく、言語を学ぶとはそれを話す仲間のなかに存在している感覚を共有することではないかということが見えてきた。著者も、ムラブリ語を話す時には、森のなかで話す距離感で遠くの人に向けて話しており、ムラブリの身体性を意識するそうだ。

言葉は人間とは何かを考えるときの、最も興味深い切り口の一つだ。文法や脳の機能などの解明だけでなく、日常生活のなかでの会話を追うことで、個に集中してきた人間理解を、仲間のなかで生きる存在としての人間理解へと広げられることがわかったのは興味深い。違って同じ、同じで違うという人間の特徴を知る面白さもここにはある。

（『会話の科学』文藝春秋）（『ムラブリ』集英社インターナショナル）

［二〇二三年五月六日］

外部を招き入れて理解を実現

郡司ペギオ幸夫『天然知能』

著者の名前を見ただけで難しいだろうなと敬遠するのが無難とわかっていながら取り組むことにした。「天然知能」という言葉を見て、私が生きものの感覚として大事にしていることを考えてくれているのではないかと感じたからである（間違いでないことを願いながら）。

近年話題の人工知能の対義語としては自然知能を考えるのが通常だが、著者はそこに天然をもちこむ。世界に対する対処の仕方を、身近な生きものへの向き合い方によって人工・自然・天然の三つの知能に分けるのだ。人工知能は、自分にとっての用途、評価を明確に規定し、その上で対処する。自然知能を著者は「自然科学が規定する知能」とする。私は生きものである人間として考える時にはたらくのが自然知能と考えてきた。けれども確かに、自然科学的思考が一般化している現代社会では、機械論を背景にした知識の蓄積が知能とされている。それを自然知能と呼び、人間にはそれ以外の知能があるはずだと考えるのは、今とても必要なことだろうと思うのである。天然知能は、「ただ世界を、受け容れるだけ」とある。少しわかりにくいが、「子どもの頃、ドブ川でナマズを捕っていた私は、天然知能でした」という文を読んで、子どもの時の感覚を思い出すことはできる。自然知能は問題や謎として知覚されたものだけに興奮し、人工知能は知覚できたデータだけを問題にするのに対し、「見えないものに興奮するのが天然知能の特権」なのである。

各章で、サボテン、イワシ、カブトムシ、シジミ、ライオンなどの生きものを通して天然知能の具体が語られる。たとえばイワシの章では、「太平洋を泳ぐイワシ」が登場する。私たちが直接それを見ることはまずないが、本や映像ではよく見るのでその知識から推定して、誰もが太平洋のイワシの存在を信じる。こう考えるのが普通だと思うのだが著者はそうではないと言うのだ。

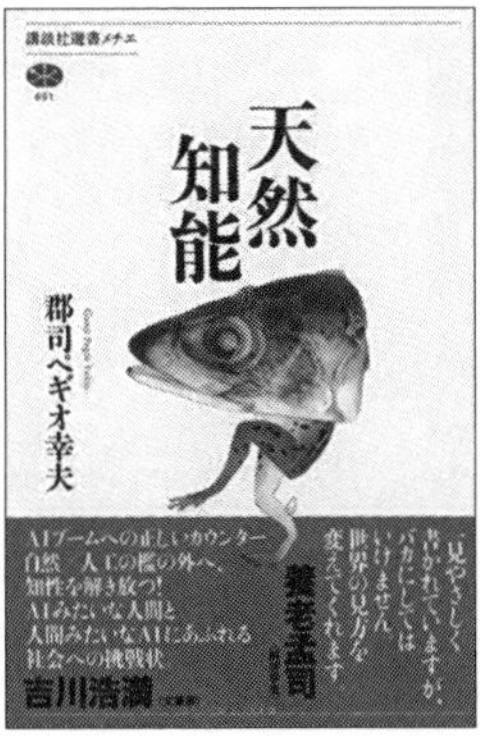

「イワシ」という問題と「大海を泳ぐイワシ」という解決の間には実は大きなギャップがあり、そこに外部を招喚することが重要であって、これができるのは天然知能だけだと言うのだ。天然知能が解決を求める時には、決してこれで終わりということにはならず、常に「もっと何かあるだろう」に

なるというのだ。それだからこそ発見があり、理解があると著者は言う。「外部に踏みこみ、その外部を招き入れることで、物事の理解を実現する」。こんなあたりまえのことをなぜ今まで誰も教えてくれなかったのだろう。

これは「生物として生まれてから、『わたし』という主体が生まれてくる過程」にも適用される。主体として意見をもつようになる、つまり「おのずから」から「みずから」へと変化する過程は、三人称から一人称への視点の変化と言える。しかし、一人称といえども「食べたい」は外部から「食べたいと思わされている」のでもあり、能動か受動か明確には決まらない。これを著者は一・五人称と呼び、われわれは常に「おのずから」と「みずから」の間を揺れ動いており、この状態が天然知能がはたらいている状況だと説明されれば、これもなるほどである。

例としては、イワシだけしか語る余裕がなかったが、他の章でも天然知能がはたらいている様子の説明がさまざまな形でなされる。結局、問題と解答、原因と結果、意図と実現がすっきりつながる「かっこいい」に対して、それが一致しない「かっこワルイ」が天然知能なのだ。しかも一方的に外部が関与する「ダサい」もある。そこで天然知能は「ダサカッコワルイ」になる。今の時代、機械の論理が優先し、明確な解答がないものは否定的にしか見られない。でも、日常起こる問題にすっきりしたものなどほとんどない。それに向き合うのが、私たちの知能であるはずで、人工知能とはまったく異なる天然知能こそ人間の知能だという意識をもつのは大事なことではないだろうか。見えないものを感じとることは大切なのだ。

（講談社選書メチエ）

［二〇一九年二月十日］

5　生命誌のなかに人類史あり

生命の起源に始まる四〇億年の生きものたちの歴史を追う生命誌は、もちろんそのなかに人間を置く。ただ、生きもの全般の基本にあるさまざまな特徴を追い、生命とは何かという問いを考えることを続けてきたので、人間について深く考える余裕はなかった。しかし、そろそろ人間に目を向けるときになったと感じている。

理由は大きく二つある。一つは、これまで、こころや文化は人間独自のものとされてきたが、近年の研究で原初の生命体からの連続のなかでそれらを語れるようになってきたことである。もう一つは、現代社会にあるさまざまな問題を、生きものとしての人間という生命誌の視点から見る必要が出てきたことである。

学問としての展開と社会からの要求が重なって、今こそ生命誌のなかに位置づけた人間について考えることが重要かつ面白くなったのである。生きものの進化を追うところから感情、意識、創造性、文化が語れるようになったのは近年のことである。まさに生きものとしての人間が生み出す文化・文明はどのようなものであるかという問いを真剣に考えることで、これからの社会のありようが見えてくることが期待できる。

そのうえで、二十一世紀までの人類の歴史を振り返り、見直してみると、人類独自の文明の発端となった「農業革命」を従来とは異なる眼で見ることになる。

現代文明の特徴のひとつである人間による自然の支配意識は農業によって生み出されたという指摘がさまざまな分野から出てきた。現代文明のもつ、自然離れをして拡大、進歩を続けることがよりよい社会への道であるという信念を見直すとしたら、農業革命以来の歴史を見ていく必要がある。

とくに、今注目されているのが〝土〟であり、生命誌としては、四六億年の地球の歴史のなかで、それを見ていこうとしている。そこには明るい未来が見えて来そうな気がするので。

人類が五大陸で異なる歴史を持った理由

ジャレド・ダイアモンド　倉骨彰訳
『銃・病原菌・鉄――一万三〇〇〇年にわたる人類史の謎　上・下』

最初に著者の経歴を紹介するのが、本書の特徴を理解する、最もてっとり早い方法だろう。カリフォルニア大学医学部教授で分子生理学の研究をする一方、年に数カ月はニューギニアでの生態研究を三〇年近く続け、そのなかで人類史にまで関心を広げてきた人だ。こういうところに、つくづくアメリカの学問の懐の深さを感じる。昨年著者にお会いした時、それを伝えたところ、いやアメリカでだってこれを続けるのはなかなか大変なんだと笑っていらしたけれど。

発端は、一九七二年、ニューギニアの海岸で優れた政治家ヤリと出会ったことだ。ニューギニアから一歩も出たことのないヤリは、旺盛な好奇心で鳥や移民について質問した後でこう言った。「あなたがた白人は、たくさんのものを発達させてニューギニアに持ちこんだが、私たちニューギニア人には自分たちのものといえるものがほとんどない。それはなぜか」。もちろん二人共、ニューギニア人が白人に比べて劣ってはいないことは充分知っていた。この質問への二五年後の答えが本書だ。

この素朴な問いに答えるには、長時間にわたる人間社会の変化を追い、そこに存在する多様な要素を考え合わせなければならなかったのである。

著者はまず、ユーラシア、南北アメリカ、アフリカ、オーストラリアの五大陸に関し、一万三千年前からの歴史を探ることにした。これは、更新世の最終氷河期が終わり、世界のいくつかの地域で村落生活が始まった時期であり、それから数千年以内に農耕牧畜が始まる地域が出てきたという時期にあたる。考古学者が一万三千年前にタイムトラベルしたとしても、どの大陸が最も早く発展しうるかを特定できる状態ではない。ここから始めてその後の歴史を追ったのである。

その結果、歴史が大陸ごとに異なるのは居住者の差異ではなく、各大陸の環境の違いによるという重要な結論を得る。環境要因としては、栽培化や家畜化の候補となりうる動植物種の分布、種の伝播・拡散の速度、大陸の大きさと総人口、大陸間での伝播速度の四つに注目する。これを各大陸について検討し、物語を編んでいった。

作物や家畜に関する第一の要因は、文明化への第一歩である食料生産への道を決める。独自に食料生産が始まったことが明確なのは五地域（メソポタミア、中国、中米、南米のアンデス、北米東部）だ。なかでも早いのはメソポタミアで紀元前八五〇〇年、それまで豊かだった採集対象の動植物の消滅と、栽培しやすい品種の登場という状態が、気候の変動に連動して同時に起きている。必然的に農耕へと移行したとみるのが当たっているようだ。ここからは能力的に劣った人が狩猟採集民のまま残ったという話は生まれない。

つまり狩猟か農耕かという選択ではなく、食料入手という必要不可欠の作業を容易に行なうにはどうするかということなのだ。この基本が各地で各様に選ばれてきたのだと考えるとわかりやすい。たとえば、家畜化可能な動物が集中分布しており、過去四万年間の絶滅種が最少であるユーラシア大陸では家畜化が進めやすかったのだ。同じウマでもアフリカのシマウマは気性が激しくて、今でも馴らすことができないそうだ。

こうして一つ一つの生物のありようを見ていくと、なぜここではあることができて、そこではできなかったかが少しずつ見えてきて面白い。

こんな風に個々の歴史が積み重ねられていくのだが、とくに興味深いのは、先にあげた四つの要因の一つである伝播速度だ。食料生産が始まった五地域は広く分布しているのに、それが広がってより強力になっていったのはユーラシア大陸だけである。他の大陸と異なり東西に広がっていたからだと著者は説明する。緯度が同じ所、つまり気候が似ている所での移動は易しいが、南北の移動は難しい——指摘されてみればあたりまえの理由だが、地図をそういう眼で見たことはなかった。ユーラシア大陸の東のはずれにある日本は、さまざまなものが外から入ってくる場となり、人類史を考えるには興味深い場所とわかる。

この流れが、十六世紀にユーラシア大陸のスペインがインカ帝国を滅ぼす原因である「銃・病原菌・鉄」へとつながり、さらにはニューギニア侵入へと進む本論になっていく。なぜインカには銃・病原菌・鉄がなかったのかという説明を含めての、その間の話が上・下二巻に詰まっている。言葉の起源も語られていて、面白い。

最初に紹介したように幅広い問いと柔軟な思考法で、ユーラシア大陸の先行性を認めながら、いわゆる白人優位でない人類史を書きあげる人が、この専門分化の激しい時代に存在するのが嬉しい。これからはこのような研究がますます重要になるだろう。もちろん、まだ仮説だったり、データ不足のところもあり、完成品ではないが、考える素材の詰まった箱であり、ここからの展開が二十一世紀の人類史を示してくれるだろう。

（草思社）

［二〇〇〇年十月八日］

身体なくして心始まらず

アントニオ・ダマシオ　高橋洋訳
『進化の意外な順序——感情、意識、創造性と文化の起源』

著者は、感情や意識など、人間とは何かを知るうえで重要なテーマを考え続けている神経科学者、神経科医である。人間に注目すると、言葉、社会性、知識、理性などに眼が向くが、著者は、それらを動機づけ、結果をチェックし、必要な調整を行なっているのは感情であることに気づいた。そこで、「これまでそのはたらきに見合うだけの注目を浴びて来なかった」感情を基本に人間について考えていくのである。それが示された部分を少し長いが引用する。

〈人間が持つ感情の本性と影響に関するストーリーを語ろうとした時、私は、心や文化に対する私たちの考えが、生物学的な現実に即していないことに気づいた。私たちは、生物が見せる、社会環境における知的な振る舞いが、神経系に支援された先見の明、熟慮、複雑性に由来すると想定している。しかしその種の振る舞いが、生物圏《バイオスフィア》の夜明けの時代に存在していたバクテリアのような単細胞生物が備えていた簡素な装置に、その起源を持つ可能性があることは、今や明らかである〉。

原初の生命体からの連続性のなかで、心や文化を語るという新しい視点を出そうという思いを強く押し出すために、表題に「意外」という言葉が入れてある。しかし、生命誌ではこれは意外ではないので、神経科学からこの問題にどうアプローチするのか大いに関心がある。

著者は「ホメオスタシス」に注目する。これは通常「恒常性」と訳され、「平衡」、「バランス」を保つこととされるが、著者はこれを、「単に生存のみならず繁栄を享受し、生命組織としての、また生物種としての未来へ向けて自己を発展させられるよう生命作用が調節される」ことであり、だからこそ重要であるとする。ここでの繁栄とは、「生存に資するより効率的な手段の確保と繁殖の可能性の両方を意味する」。つまり、生命体の調節は非常に動的であり、近年出された「ホメオダイナミクス」という言葉の方が実態を示しているとするのである。生きものはダイナミックに続いていくものなのである。

そこで著者は、進化の過程で私たち人間だけに備わった特別な脳のはたらきとしてこころを見るという従来のやり方を捨てる。ホメオスタシスに支えられた単細胞生物に始まる生命現象全体を通してこころを見ていくのである。細菌は環境の状態を感知し、生存に有利な方法で反応する。そこには相互のコミュニケーション（分子による）もある。ここにはすでに知覚、記憶、コミュニケーション、社会的ガバナンスの原点があると言ってもよい。

その後、真核生物、それの集まった多細胞生物へと進み、循環系、内分泌系、免疫系ができるなかで、神経系も生まれる。イメージが生成され、こころが構築されるのは神経系あってのことだが、重要なのは神経系が単細胞に始まる流れのなかで誕生し、はたらきとしても古いところからつながっていることである。消化管に複雑な神経系が存在することから、「腸は第二の脳である」と言われるが、最初に生まれた神経系に似ている消化管の方こそ、第一の脳と呼ぶにふさわしいと考えることもできる。このように関心は常に身体に向いていくのである。

こうして、身体の進化につれて生まれる感情をもとに、こころを考えていくのである。もちろん、イメージの形成は中枢神経系あってこそのことであり、そこには外界と生体内の世界という二つのイメージがある。通常は外界を知る感覚器官からの刺激に注目しがちだが、著者は内界つまり身体のなかの世界のイメージを重視する。内界にも二種あり、古い方の内界（内臓・平滑筋・皮膚）で起きている生命現象がホメオスタシスから評価され、健全なら「快」、不健全な時に「疲労」「不快」などが生まれ、それが感情の核となる。

もう一つのより新しい内界は、骨格や随意筋が関わって生体内の状態を評価し、それを言葉にする役割をもつ。内界と外界とをつなぐ役割と言ってもよい。こうして古い内界から生まれた感情を中核としてこころが生まれるというのである。「身体がなければ、こころは決して始まらない」。

こころの基本単位はイメージであり、脳がこれを抽象化し、たゆまず言葉に翻訳していくことがこころを豊かにするプロセスである。ここから語りが生まれ、理性的推論と想像、さらには創造性が生まれる。こうして神経系が古くから存在する身体と連携することで、感情から主観性、意識、文化などが生まれるという一つの科学的物語りができ上がる。物語をまとめると

「感情はホメオスタシスの心的表現であり、そこにある身体と神経系の協調関係が意識の出現をもたらし、ここで生まれた感じるこころが人間性の現われである文化や文明をもたらした」ということになる。

芸術・哲学・宗教・医療などのあらゆる文化・文明をすべて「ホメオスタシス」という生物的現象に帰して考えていくのだから、当然疑問も生じる。ただ、どの項目でも問題点をあげての解説があり、それに説得されながら読み進めることになる。

人工知能が実用化に向けて動き、脳をコンピューターと並べて人間を語ることが多くなった今だからこそ、進化によって生まれた生きものとしての人間に始まるこころの問題を通して文化・文明を検討し、人類のこれからを考えていく視点は重要であり、魅力的だ。（白揚社）

［二〇一九年三月二十四日］

農業は自然と向き合っているか

ジェームズ・C・スコット　立木勝訳
『反穀物の人類史——国家誕生のディープヒストリー』
石田紀郎
『消えゆくアラル海——再生に向けて』

一見無関係に見える二冊をたまたま同時に読み、現代文明がもつ自然との向き合い方を考えた。切り口は「農業」と「国家」である。

人類は農業革命によって原始的な狩猟採集生活から脱却し、文明への道を歩み始めたとされる。そこには定住生活こそ魅力的であり、それが国家を生み出したという前提がある。これまで狩猟採集民は、「未開で、野生の、原始的な、無法の、暴力的な世界」にいるとされ、闇雲に山野を駆け回る姿で描かれてきた。実際は協働で堰《せき》や罠《わな》を作り、獲物を乾燥したり、さらには野生種の穀草を育てるなど計画的に動いていたことがわかってきているのだが、イメージはなかなか変わらない。

『反穀物の人類史』は、「種としての夜明け以来、ホモ・サピエンスは動植物種だけではなく環境全体を飼い馴《な》らしてきた」という視点をもつ。そして、狩猟、採集、遊牧、農耕はすべてが組み合わされて「人間による自然界の再編という巨大な連続体」の上でわずかずつ滲《にじ》み出してきた生き方であるという見方を示すのである。

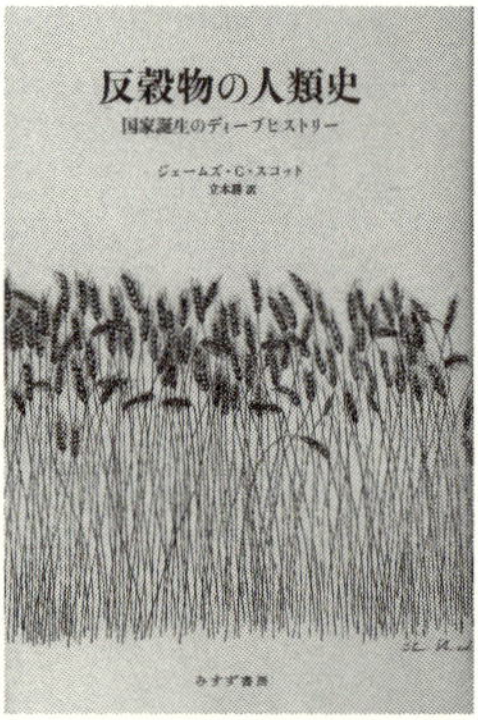

そのなかで定住が始まった。一万二〇〇〇年前には永続的な定住、農業、牧畜が登場したが、それは農業革命に直接つながりはしなかったのである。一つには農業が重労働だったからだが、最大の問題は集合生活に見られる疫病である。疫病が流行し始めると人々は移動し狩猟を始める。そのような生活をしていた数千年の歴史を追うと交易なども始まっているのだが、上手に暮らそうとする試みが、農業革命、さらには国家の形成へとは、なかなかつながらなかったのである。

現在の文明へとつながる国家の登場は、紀元前三一〇〇年頃であると著者は書く。ここでの国家の定義は、税（穀物、労働など）の査定と徴収を専門とし、支配者への責任を負う役人階層を有する制度とされる。穀物栽培の始まりは定かではないが、紀元前五〇〇〇年には、いわゆる肥沃《ひよく》な三日月地帯で主食としての穀物が栽培されていた。それは目視、分割、査定、貯蔵、運搬、分配に適しており、課税の基礎となる。

こうして穀物が国家を生み、国家が灌漑《かんがい》を行なって農耕を大規模化し、農業革命を起こすのである。初期の定住社会にも支配者の搾取はあっただろうが、制度化に到《いた》るには穀物栽培が必要だったのだ。穀物栽培が国家を生み、階層社会を作ったのであり、これがよい生き方だったろうかという問いがある。

『消えゆくアラル海』でも国家と農業の問題が見える。カザフスタンとウズベキスタンの間にある面積が琵琶湖の一〇〇倍もあった湖であるアラル海の九〇%が今では失われ、二十世紀最大の環境破壊と言われている。湖が数年で砂漠に変化した原因は、ソ連という国家の農業政策にある。そこに流れこむシルダリア川、アムダリア川から取水した運河が砂漠の地平線まで伸び、綿花畑や水田が生まれた。しかし、水が流れこまないアラル海の湖岸線は、一日に二〇〇メートル後退する地域もあったという。すると、湖水の塩分濃度上昇、魚類の

減少、飲料水水質悪化、砂嵐の多発など、急速な環境悪化が見られた。
そして、「砂漠を緑に」と宣伝された綿花畑も、塩害で放棄され始めているのだ。しかも排水は砂漠にしみこんでしまいシルダリア川に戻ることはないのである。著者らの地道な研究による実態解明と植樹を通しての環境改善の努力には語りたいことがたくさんあるが、ここでは前著との関係で「国家」、「灌漑」（農業）という問題に注目した紹介に止《とど》める。
文明の進展は狩猟採集（1・0）、農業（2・0）、工業（3・0）、情報（4・0）と進み、これからは総合的な5・0に移行するのだと言われる。自然との関わりを考えるなら、国家という問題を含めて、農業革命から見直してみる必要があることが見えてきた。現在進んでいる道は唯一でもなければ、最良でもないと思って考えてみる必要がある。

（『反穀物の人類史』みすず書房）（『消えゆくアラル海』藤原書店）

〔二〇二〇年三月一日〕

未来世代の「よき祖先」になる決心

ローマン・クルツナリック　松本紹圭訳
『グッド・アンセスター
——わたしたちは「よき祖先」になれるか』
坂口恭平
『土になる』

新型コロナウイルス・パンデミックと地球温暖化による異常気象という危機から一刻も早く抜け出さなければならないとは誰もが考えるところだ。ところでここには「今すぐ行動が要求される最も緊急性の高い課題として、長期思考を求めねばならない」というパラドックスがある。しかも、現代社会は「長期思考という概念の危機」にあると『グッド・アンセスター』の著者は言う。

人類は、二〇〇万年ほど前に脳の大型化の過程で四つの長期思考を身につけた。

（1）狩猟採集の旅のための認知地図作成、
（2）おばあちゃんが子どもをケアする世代間の時間、
（3）信頼、互恵、共感にもとづく協力関係、

（4）道具の開発。
このような長期脳を、著者は「どんぐり脳」と呼ぶ。子どもに「マシュマロを一五分食べずに我慢したら、もう一つあげる」と言っても、三分の二の子どもはすぐ食べてしまうという実験例から、短期脳は「マシュマロ脳」。今は、各人がどんぐり脳を起動し、未来の世代に対する「よき祖先」になる決心をする時だ。

「近代産業時代の鍵となる機械は、蒸気機関ではなく時計である」（L・マンフォード）は至言である。現代人は、自然の循環的時間でなく直線的時間を意識し、分や秒という人工概念で効率化を求めている。さらに近年のディジタル化は集中力を奪うとされる。そこで長期思考のための六つの方法が示される。

（1）ディープタイムの慎み（宇宙時間を意識。数千年をも意識させる樹木への関心は時間と共生の両方を思い起こさせる）、

（2）レガシー・マインドセット（よい記憶を残す。個人でなく世代としてよく記憶されること。アフリカ人女性W・マータイのケニアでのグリーンベルト運動によるノーベル平和賞受賞は好例だ）、

（3）世代間の公正（ネイティブ・アメリカンは常に七世代後の幸福まで考える。ここには受託財産管理の哲学がある。子どもの意見を聞くのもよい）、

（4）大聖堂思考（英オックスフォード大の食堂の梁《はり》が腐った時、五〇〇年前の創設者がオークを植えておいたことが判明。ただし、大聖堂思考には問題を抱えるものも少なくない）、

（5）全体論的な未来予測（複数の道を描く）、

（6）超目標（かけがえのない地球）。

超目標として、永続進歩、他の星の活用、サバイバルスキル開発などを検討した結果、「一つの惑星の繁栄」という答えになる。もちろん地球である。時間と同時に場所（空間）の重要性を意識してこそ「生命の継続」がある。

すでにディープデモクラシー、再生型経済、文化進化など超目標へ向けての変化は起きている。世界各地で数多くの活動を調べた著者は、それらの今後に期待する。その一方で、長期思考をもつようになった「個人のライフスタイルの選択が、政治によってスケールアップされない限り、あまり意味をなさない」ことも確かである。

そこで著者は権力者に変革を迫る戦略の必要性を説く。まったくその通りだが、各人の生き方の選択が周囲を動かしていく道も意味がないとは言い切れないと思うのである。一人一人の

地道な努力はいつでもどこでも大切である。

その一例として、『土になる』を見て行こう。作家・画家・建築家など多様な顔をもつ著者がふと始めた、畑での生活の九二日間の記録だ。初心者だが、毎日通って面倒を見たトマトが四九日目に初めて収穫できた。口に

しての感想は「美味《おい》しすぎる」である。畑の主であるヒダカさんの助言あってのことだ。
ここに至るまでに著者のなかで「時計で測った時間ではない時間が生まれる」という変化が起き、一〇年以上続いていた躁鬱《そううつ》病は消えた。鬱とは「時間を感じている時間」であることに気づき、「時間とは遅れである」というベルクソンを思い出す。とくに長期思考の意識はないのだが、本来の時間が体内から生まれてきており、それが自ずと長期思考につながっていく。
畑にはノラジョーンズと名づけたノラ猫がおり、それも含めて生きものが動き回る地面の上に自分もいると実感しているうちに、水のことが頭に浮かんだとある。生きもの、土、水と自然に続いていく先には、地球という空間が見える。まさに時間と空間をものしているのだ。そこで、土を豊かにするために必要なことを色々やってみると、「土は楽しくなってくる」のだ。

ヒダカさんが野菜に元気がなくてもふしぎなほど凹《へこ》まないのは、広く全体を見ているのだということがわかってくる。目の前のことを見ながら先を見ているのである。

こうして日々何かがわかっていき、日常から「わからない」という言葉が消えていく。羨ましい充実感だ。毎日描いているパステル画を先生に見せたら「空気が描けてる」と言われる。この生き方は、「よき祖先」そのものだろう。各人が自分が生きていることを実感する生活を送ることで、おかしな「わからない」が消えていくなら、これは大きな力になるのではないだろうか。たとえ政治がだめでも。（『グッド・アンセスター』あすなろ書房）（『土になる』文藝春秋）

［二〇二一年十月二日］

農業から見る環境の回復と健康

デイビッド・モントゴメリー、アン・ビクレー　片岡夏実訳

『土と脂《あぶら》――微生物が回すフードシステム』

異常気象のなかで、科学・科学技術の役割を考えている。宇宙開発やＡＩの活用などが先端とされるが、今必要なのは地球とそこに暮らす生きものを知り、社会づくりを考えることではないだろうか。本書は土壌、生きもの、人間の関わりから、健康に生きるために必要な「食」のありようを見ている。

今から八五年前の一九三九年、イングランドの医師三一人からなる委員会が、食事・農業・健康の関連を検討し、化学肥料と農薬使用の加速の健康への悪影響を示した。委員たちは、健康な人は「新鮮で、未精製の、加工を最小限に抑えた食品」をとっていることにも気づく。インドで研究をしていた植物学者のサー・A・ハワードが、健康な作物の生育には土壌微生物が必要であり、化学肥料はそれと同じはたらきができないことを示した。

ここに、伯爵家に生まれながら農学の学位を受けた初の女性となり、農場暮しを始めたE・B・バルフォアが登場する。慣行農業と有機法で栽培した作物を食べた動物の健康状態の比較実験を重ね、一九四〇年代に『The Living Soil』を出版、「土壌協会」を設立する。しかし社会は別の道を進んだ。レイチェル・カーソンの『沈黙の春』より二〇年も前に、科学の立場から化学製品に頼る農業への疑問を呈した女性がいたのだ。「科学研究は病気の原因にこだわって、もう一つの疑問――健康の根源――には同じように関心を払っていなかった」という指摘は鋭い。本書はこれに応え、人間の健康は健康な作物に、健康な作物は健康な土に依《よ》ることを示す。

成長社会での作物は収量で、食糧はカロリーで評価され、農業の工業化がそれに応えてきた。窒素肥料は短期的収穫量は増やすが、土の持続可能性をなくし作物の栄養の質を落とす。しかも半量は作物に取りこまれないのだ。化学肥料の長期的影響に土壌酸性化もあり、土から無機栄養（カルシウム、カリウム、亜鉛など）が減る。

土作りからの農業が多くの国や地域で始まっている。実験とメタ分析によって不耕起農法、被覆作物、多様な輪作により、作物収量は減らさずに雑草、昆虫、病原体の圧力を減らし、回復力を高める再生農業だ。有機物が充分存在し生きものたちが活動する土で育った作物は、植物が身を守るため生成する二次代謝物質で、抗酸化作用などがあるファイトケミカル（ポリフェノールやカロテノイドなど）が多い。ウシの乳と肉に含まれるさまざまな脂肪の割合は、飼料でなく牧草を食べた個体の場合によい状態になる。健康の根源は、生きている土で育つ健康な作物を食べるというあたりまえの所にあるのだ。

有機農業と呼ばれてきた農業は、特殊で面倒なものであり基幹産業としての農業にはならないとされてきた。しかし農業の本質を考えれば、土を生かすのが本筋であり、人

類が生きていくにはこの方法を選ぶしかないという答えになって当然だろう。ここでもう一つ注目すべき点が多様性だ。生きものにとって多様性が重要であると言われながら、現行農業は作物を一律化する方向に来た。土を生かすとは、その土地に合った作物を生かすことであり、そこには多様性がある。「土壌、地球、人間自身のために環境回復の道を選ぶのなら、まだ間に合う」と著者は言う。

（築地書館）

［二〇二四年十月五日］

6　子どもたちへの眼差し

これからを生きるのは私たち大人ではなく子どもたちだ。彼らが本来生きものとしてもっている能力をどのように活かして、新しい道を作ってくれるか。未来はそこにかかっている。今、私にできるのは、それを応援することだ。

子どもたちの能力発揮の始まりは「ふしぎ」を感じることである。そこから生まれる物語を生きている子どもたちを見ていると、このまま進めば生きものである人間が歩む本来の道につながっていくだろうと思うことしばしばである。そして子ども時代を忘れない大人になればよいのに、なぜそれができないのだろうとふしぎになる。本来もっている「生きる力」を捨てて、お金や権力が生きるための力であると錯覚した大人がつくる社会は美しくない。本来の「生きる力」をもっているおじいちゃんと森を思う存分楽しむ散歩や、体を使ったたくさんの伝統的な遊びが、本来の道を歩く人を育てていく。一見何でもないものに、どれだけ大きな価値があるかを知る生活が、子どもにとってはとても大切だ。

障害があろうとなかろうと、そんなことは関係ない。それぞれがそれぞれとして生きればよいのだ。地球にはすばらしい自然があるので、すべての人がそれに触れる生活を送ることが豊かな未来につながる。子どもたちのまわりには、子どもたちと同じように自然への畏怖の念を抱き、そこから多くを学びとっている大人たちがいるようにしよう。その人たちから学び、自然のなかに大好きなものを見つけるなら、それが幸せな未来につながるはずだ。

そのようにして自然のなかで生きることを身につけたうえで、今が情報社会であることを活かして世界で起きている事柄、昔のことなどをよく調べて、社会とつながっていくことができたら、すばらしいと思う。

時計が一三時を打った時、トムは……

河合隼雄『物語とふしぎ』

著者には臨床心理学という専門の立場から物語や児童書について語った著書がたくさんあり、多くを学んでいる。

この本は、「ふしぎ」と「物語」という言葉が並んでいる表紙を見て、気持ちが大きく動いた。残念ながら、疾うに大人になってしまったので、世の中楽しいことだらけのはずだと思ってはいないし、魔法でなんとかなるとも思ってはいない。しかし、去年から今年にかけては、あまりにも嫌な事が多すぎて、気を滅入らせながらニュースを見ているうちに、どうもこれには「ふしぎ」が関わっていそうだと思えてきたのである。

何も実体のないところで数百億円というお金が動いていても、危険性が高いことがわかっている製剤が販売されていても、関係者のなかでは「あたりまえ」になってしまい、誰もふしぎがらなかったようだ。また、「ふしぎ」と思っても、自分では深く考えず、なんとかなるだろうと、安易に考えてしまう人もいたのだろう。

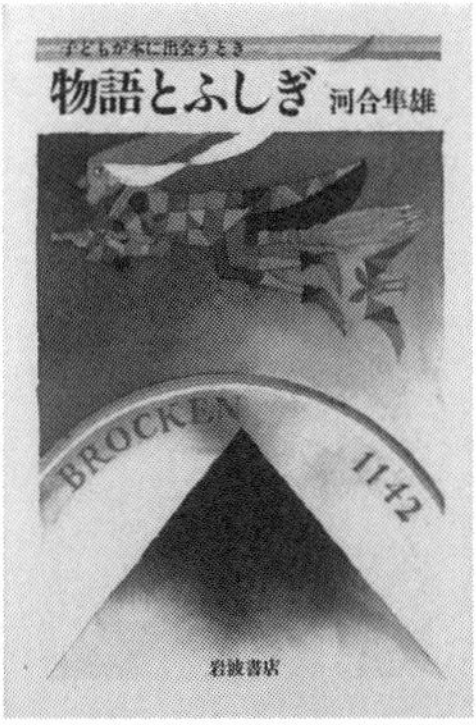

著者は言う。「〝ふしぎ〟と感じるのは素晴らしいことである。他の人たちがあたりまえとしている、リンゴが木から落ちることをふしぎに思ったニュートンは、万有引力の法則を発見し、人間はなぜ死ぬのかということを考え続けた釈迦牟尼は仏教を生み出した。ただし、ここで注意すべきは、ふしぎと思ったからには、自分でそれを追究する責任があり、それを〝心に収める〟ことが大事だ」と。

心に収めずにウロウロしていると、嫌われ者になるしかないというのだから大変だ。そこで、心に収める方法を探すと、最も納得のいく形として「物語」が出てくる。人類としては、ふしぎに答える物語としてまず神話をもったし、一人の人間としては、子ども時代に母親との話し合いのなかで物語を作りながら育っていく。

著者は、児童文学を、子どものためのお話としてではなく、ふしぎを心のなかに収めていく物語の典型として読んでいく。「自然とふしぎ」「ふしぎな人物」「ふしぎな町・ふしぎな村」「時のふしぎ」という章だてを見ると、誰もが、それぞれにいくつかのお話を思い浮べるだろう。よく知られている話での分析例をあげてみよう。

『ふしぎの国のアリス』はどうだろう。アリスの落ちこんだウサギ穴のなかでは、日常の時間・空間の尺度があっさり変わってしまう。しかもおかしな論理がまかり通る。首の長くなったアリスを見て「ヘビめ！」と言うハトの論理はこうだ。ヘビは卵を食べる。アリスは卵を食べる。故にアリスはヘビだ。

結論は間違っているけれど、詩ではこのような表現がよく使われる。ここで著者は、「ものごとを証明する時は正しい論理を使わなければならないが、ものごとを発見しようとする時は、あえてまやかしのなかに入りこむことも必要だ。もちろん発見を人に伝えるときは、それにふさわしい表現法や論理を考えねばならないが」と言う。その通りだ。

『トムは真夜中の庭で』を見よう。時計が一三時を打ち、あまりの時間を貰ったトムの秘密の庭でのふしぎな体験に引きこまれたのを思い出すが、著者はこれは今日と明日のあいだの時間であり、心と体のあいだにある魂と結びつくと受け止める。
子どもは、分析などせずにお話を楽しむだけだが、アリスやトムになりきって著者が示しているような感覚を味わっているのではないだろうか。この本は、大人になっても子どもと同じ楽しみをもちたい、と願う人にとってのよき道先案内であり、しかも決して明るい未来が見えているとは言えない現代を考える素材に満ちている。

(岩波書店)

[一九九六年四月二十二日]

地球の祈りに耳を傾けながら

ダグラス・ウッド　P・J・リンチ絵
加藤則芳訳
『おじいちゃんと森へ』

何にもありません、特別なことは。
それなのに、何度も読み返しました。絵本です。
「ぼくが幼かったころ、いちばんの友だちは、おじいちゃんでした。おじいちゃんといると、いつも世の中のいろいろなことが、ほんとうに、その通りなんだなあ、と思えたものでした」。

ぼくは、おじいちゃんと森を散歩するのが大好きで、お話をしながらゆっくり道を歩き、その間にいろいろな質問をする。ある日〝お祈り〟について聞くと、一番高い木のところに来たときに、この木はお祈りをしていると話してくれる。

「のびて、のびて、雲やお日さまや、お月さまや、お星さまにまで届きそうに、のびているよね。でも、天国までは届かないんだ。天国に届くのは、お祈りだけなんだよ」と。

石も丘も小川も草も花も風も鳥も……この世にあるすべてのものが祈っており、それぞれの祈り方が美しいということも教えてくれる。だけどそのなかで、じっとしたまま、だまったまま、という二つの祈り方がとても大切な方法だ。おじいちゃんはぼくにそう語る。

それ以来、おじいちゃんと散歩をするたびに、地球の祈りに耳を傾けたけれど、その言葉が聞こえたかどうかはわからない。そしてある日、おじいちゃんは帰らぬ人となる。ぼくが祈って、祈って、祈ったのに。その後、ぼくは長い間お祈りをしない。

ここまでの場面は、美しい森のなかだ。鳥のさえずりや小川のせせらぎが聞こえてきそうな絵が続き、一日の時間や季節の流れを感じさせる光の動きに、二人と一緒に森のなかで光を浴びているような気分になりながらページを繰ってきた。

ところが次のページで突然、玄関前のテラスにつまらなそうな顔をして坐っている少年が現れる。脇には野球のグローブとボール。森を散歩していた頃に比べるとぐんと大きくなっており、その体をもてあましている風だ。

そしてある日、ぼくは一人で散歩に行く。背の高い木の下の大きな岩に坐り、風や小川や鳥に出会い……地球の祈りの言葉を聞く。そしてぼくも祈る。

「長い時間かかったけれど、このときはじめて、世界はほんとうに、おじいちゃんが言っていた通りなのだと思えたのです」。

何にもありません。特別なことは。でも、毎日のニュースで、生命《いのち》がないがしろにされているとしか言えない事柄に接し、どこかおかしいと思いながら何もできない辛さを感じていたところに現れたおじいちゃんとぼく。とくに、おじいちゃんが亡くなってからの時間の流れが印象的だ。

先日も、「子どもたちに生命尊重の気持ちを持たせるには、どうしたらよいでしょう」と聞かれた。壊れた機械の修理と同じ感覚で、生命の意味がわからなくなっている子どもへの即効薬を探す大人に、何かができるはずはない。
おじいちゃんといると、いつも世の中のことがその通りだと思えるという子ども時代を過ごし、青年になったとき、自分の力で、「世界は本当におじいちゃんが言っていた通りだ」と理解するぼく。ここには、責任をもって次の世代へ生をつなげていく人と、それを受け継ぎながら新しくしていく人がいる。生きものとしてはあたりまえなことなのに、今の社会ではとても難しくなっていることだ。
作者はニューヨーク生まれのアメリカ人。絵はアイルランドの人による。すべてのものが祈っているという自然観・世界観は、決して古いものでも、限られた地域のものでもなく、すべての人の心の底にあるものだと思う。絵のなかの草花や鳥、やさしいおじいちゃんとすてきなぼくを、ていねいに見ながら何度も読み返し、この本を抱えて森を歩いてみようと思った。

（平凡社）

［二〇〇四年七月四日］

子どもの世界が映す「社会的生物」の姿

加古里子『伝承遊び考　全四巻』

「絵かき遊び考」に始まり、「石けり遊び考」「鬼遊び考」と続いた『伝承遊び考』が「じゃんけん遊び考」で完結した。一九二六年生まれ、東大工学部卒業となれば、戦後高度成長経済を支える企業戦士となるのが普通だろうが、セツルメント活動で子どもの世界に入った著者は、絵本作家の道を歩んだ。その間五〇年以上にわたって伝承遊びを収集してきたのである。

きっかけは一九五一年、神奈川県川崎市で、子どもたちが歌を口ずさみながらキンギョの絵を描いているのに出会ったことだという。「山があって、里があって、大根ばたけに、麦ばたけ、石があって、池があって、きんぎょになっちゃった」。しかも偶然、東京の中学生が、その真中の部分を「トマトばたけに、ネギばたけ」と歌っているのを聞いた。地域や年齢の差があっても、同じような「絵描き歌」があること、しかもそこには微妙な差があることに気づいたのである。そう言えば私も子どもの頃お絵描き歌を楽しんだ。当時の一番人気は「あっというまにタコ入道」だったように思う。これは何を語っているのだろう。

そこで著者は、同じようでほんの少しずつ工夫のこらされた絵を集め始めた。以来、集会でのアンケートやマスコミを通じての収集によって一〇万近い例を集めるが、最も力を注いだのは実際にそれで遊んでいる子どもを見つけることだった。ところが、一九七〇年頃から交通事情や誘拐事件などのゆえだろうか、遊んでいる子どもに出会う機会が急速に減ったという。

子どもを取り巻く環境の変化が遊びの世界に影響を与えたのである。「へのへのもへじ」など、多数の収集例がていねいに描かれたページを繰っていくと、次々と懐しい絵が出てきて子どもの頃の時間が戻ってくる。著者は、「絵かき遊び」は、手指、視力、言葉、図形認識など、心身の全体を動員するのであり、成長していく子どもそのものを表わしているという。子どもたちが、一本の線を描くとき、考え、迷う様子を観察してきた著者は、教育者たちが、「絵かき遊び」を無視、時には悪者にしてきたのではないかと疑い、「教育者は子どもの本質を見ているのだろうか」と口調厳しく問う。

次の「石けり」も、これほどの変化型がよくぞあるものと驚くほど多様な例が示される。「石けり」はギリシャ神話に基づいて地上に迷路を描いた遊びから始まり、日本には明治の初めに入ってきたとされる。地面に丸を並べ、そこをケンパ、ケンパと唱えながらあきもせず跳んで

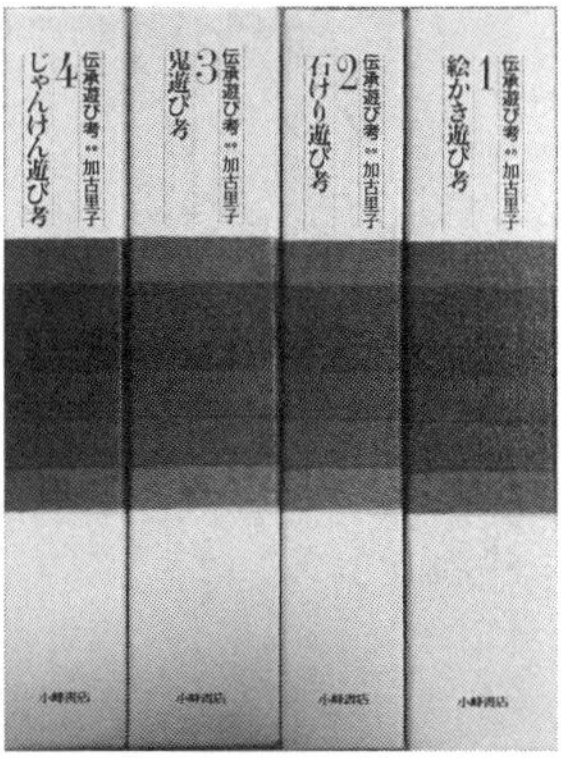

遊んだのを思い出す。著者は、地面を利用する遊びのなかで、これほど狭い場所でできる遊びはないのに、一九七〇年以降はこれも衰退していったのは、子どもの生活空間から遊べる地面が失われたことを示すと指摘する。

「石けり」で興味深いのは、幼少児が仲間に入ってきたときは、途中にその子たちだけが休める場所をつくったり、親子ケンパと称して小さな子は年上の子どもについていけばよいとしたりする工夫である。本来自己中心的である子どもに、なぜこんな配慮ができるのか。遊びは仲間あってのものということを承知している子どもたちは、小さな子も仲間にできるように考えるのだというのが著者の分析だ。よき社会をつくる基本が遊びのなかにあるのは興味深い。そして今、その遊びが失われつつあることに注目しなければならない。

三冊目は「鬼遊び」だ。これは子ども遊びの象徴のようなものである。著者はこれを、「騒ぎたてる遊び」であり「知恵と工夫を注ぐ遊び」だと位置づける。「ただひたすら逃げるしかないオニの強大さに対し、遠くの方から悪口を送り、からかい歌やはやし歌を叫ぶのは、重い束縛感からしばし解放され、遊びを盛り上げてゆく」。子どもの頃はそんな分析をしながら遊んでいたわけではないけれど、確かに大騒ぎするのが楽しかった。

著者は、ここで大人が規制をしてはいけないと言う。「いたずらという遊び」がどこで「真の不徳悪行の城」になるのかは、数値で決められるものではなく、子どもがその時その折決めていくしかないのだ。遊びのなかでしか得られないこの体験が、遊びと共に消えているのではないかという指摘は大いに考えてみる価値がある。

最後は「じゃんけん」。これも驚くほど多様だ。「じゃんけんほかほか北海道、あいこでアメリカヨーロッパ」「じゃんけんぽっくりげた、ひよりげた」などなつかしい例がたくさんあげられている。「じゃんけん」は大人になってからも組合せをきめる時などに使っている。欧米ではコイントスなどの二者択一が用いられることが多いが、アジアはほとんど「三すくみ」だ。現在「三すくみ」が世界各地に広まっているとのことだ。じゃんけんで面白いのは、かけ声に、子どもが時代の流れをつかんで、テレビのCMなどをうまく取り入れる例が多いことだ。じゃんけんのかけ声で世相がわかるのは楽しい。

著者はこれらの遊びから、子どもが自然との関わりのなかで各自の心身成長度と欲求に応じて得たものを成長の資にしていること、小集団のなかで自他の関係を自覚し対応する能力を身につけていることを知る。しかし一方「不善不良反徳な行為悪戯を密かに挿入し、あるいは野卑わいせつ下品な発声」をするなどして抑圧を発散している面もあることもわかった。著者の人柄が見えてくる言葉遣いでの大事な指摘に思わず笑ってしまった。

確かにちょっと悪い言葉を使って大人の反応を見るのを楽しんだことがあったなと。この正負両面を乗り越えていくことが「社会的生物」としての成長上、必要不可欠なのである。一九九〇年以降外遊びがほとんど消えていることの意味は、いずれ論じたい、とある。是非お願いしたい。

（小峰書店）

［二〇〇八年七月二十七日］

「素敵な星、地球」の存在を証明できた

新宮晋

『風の旅人——ウインドキャラバン』

「本当にやりたいことをやろう」。ある日、「肺に腫瘤の陰影あり」と言われた著者は、長年

あたためてきた「ウインドキャラバン」の実行を決心する。精密検査の結果、腫瘤はないとわかるのだが、この素晴らしい活動のきっかけをつくったのだから、誤診も時に……やっぱりないい方がいいか。

それはともかく、風や水で動く作品によって、自然のもつ見えない力をみごとにそして美しく表現し、その魅力を伝え続けてきた著者は、その活動を「素敵な星地球」の存在を証明するところにもっていきたいと願う。その具体策として考えたのが、世界各地（野外）に作品を展示して風を実感してもらうと同時に、その土地の人々と交流するキャラバンだ。

場所は六カ所。地球儀を買って、自然環境に特徴のある所を選んだ結果、日本、ニュージーランド、フィンランド、モロッコ、モンゴル、ブラジルとなった。結果的にはそれぞれの土地の人々や文化の特徴と全体としてのつながりが絶妙の組合せを見せて仕上がるのだが、もちろん最初は手探りだった。

夢としては素晴らしいけれど、実現には多くの困難をともなうこのプロジェクトを支えたのは、世界各地の友人であることが、一九九九年、パリでの計画発表の際の寄せ書きでわかる。レンゾ・ピアノは、「ウインドキャラバンは新宮が友人たちを働かすプロジェクトだ」と書き、イリ・キリアンはこの誘いに対する「どうもありがとう」の「どうも」を九回もくり返し、「どんなに寒くてもラップランドに必ず行く」と言っている。このプロジェクトには一流の芸術家たちをワクワクさせるものがあるのだろう。

エルメスの会長が「従業員を各地に六人位ずつ派遣して作品の据付けを手伝わせ、作品に最初に吹く風を感じさせたい。また費用の一〇パーセントという控えめな協力をしたい。企業宣伝には使わない」という洒落た提案をしてくれる。若者たちに〝最初の風を感じさせたい〟と考えるリーダーの下ではたらくのは幸せだ。

三脚の上に三角や四角の帆を張って風を受ける作品が二一点、これを風景のなかに置いていく。それに風車博士、牛山泉氏の応援によって生まれた風車小屋が加わる。スタートは二〇〇〇年六月、著者のアトリエのある三田（兵庫県）の田んぼに作品が置かれ、そこで地元小学生三〇人ほどが田植えをした。

風の旅人
ウインドキャラバン
新宮 晋
地球の自然の素晴らしさを
世界の子供たちに伝えたい

ウインドキャラバンには、世界の子どもたちをつなぎ、彼らに未来を託すという目的もある。三田の稲は、九月に同じ子どもたちが刈りとり、そのお米で作ったお寿司を、次の開催地ニュージーランド・マオリの島の子どもたちが食べた。マオリの子どもが作った小舟の帆は次の地ラップランド

（フィンランド）に渡されるという具合にバトンはつながれた。

モンゴルの草原では、子どもたちが凧をあげた。広い草原で風を受けてあがる凧の様子を思い描くだけで、子どもたちの歓声が聞こえてくるようだ。これほど凧あげに向いた場所はなかろうと思うのだが、モンゴルの子どもはこのとき、初めて凧を知ったというのだから、文化とは面白いものだ。二十一世紀のモンゴルの子どもたちは凧あげを楽しむに違いない。

マオリ島ではあまりの強風だったので、危険を避けるため風車の羽根をはずしているとき、著者は三メートル落下、脊椎を骨折するという事件も起きた。打ちどころが悪かったらどうなっただろうとゾッとするが、このプロジェクトは天も応援しているのだろう。数日の入院で動けるようになった。その後も、行く先々で難関にぶつかるけれど、最終的には成功を収め、皆に感動を残す旅になった。

三田のお米のお寿司を、マオリの人と白人とが自然に家族のようにほおばったとのこと。これはニュージーランドの歴史で初めてだそうだ。ラップランドでは厚く張った湖の氷の上に並ぶ作品をオーロラが包む。風車小屋のテント生地はカチンカチンに凍ったが、その水はマオリの雨水なのだ。なんともスケールが大きい。

フィンランドの子どもが作った風見をもって訪れたモロッコは岩山、ブラジルは砂丘。それぞれの場で、風を受ける赤や黄色やオレンジの作品が、みごとな風景になっている写真が語りかけてくる。表紙を飾るイリ・キリアンの線画、文章と呼応する著者のスケッチが楽しく、私たちもキャラバンをしている気分になれる。

いいなあ。もちろん、これは誰にでもできることではない。著者の実績と人柄と内から湧き出るエネルギーと……あらゆることがあって初めて可能になったのだ。

「予測して全て把握しようとか、自分で全体の流れをコントロールしようとかいった、大それた考えを捨てることから全てが始まるということを教えられた。大切なものは、お金や快適な生活ではない、利害を離れた人のあたたかい心なのだ。そして私たちの星、地球の自然と、いかに調和して暮らすかということだ」。

ここに書かれたことはなんとなくはわかっている。でも、地球遊牧民として世界をまわり、大人とも子どもとも一緒に笑い合った人から出た言葉として嚙みしめたい。

「本当にやりたいことをやろう」。これほど大きなことはできなくとも、私もそうしよう。

（扶桑社）

［二〇〇二年七月十四日］

ここにある学びの原点

柳楽《なぎら》未来『手で見るいのち——ある不思議な授業の力』

東京にある筑波大学附属視覚特別支援学校の生物教室での授業が、始まろうとしている。担当の武井洋子先生が、「今日から「骨を使います」と生徒たちの前に一人一個ずつ骨を置いていく。名づけて「動物A」だ。初めての授業に中学一年生七人は「えっマジで」と驚きながら、おそるおそる触り始める。最初は全身かと思いながら。「牙みたいなものがある」「奥歯みたいなものがある」……頭蓋骨らしい。わからないものを少しずつ解いていく過程は、何によらず面白い。

二時間目。「穴」と「空間」に注目しようという先生の指示に従っての探索はますます面白くなる。鼻や目が見つかり、目の穴のなかの後ろの方に見つかった穴は神経の通るところに違いないとわかってくる。歯の様子から肉食とわかった動物Aが、獲物であるシマウマをしとめる姿を想像することになり、一人が「いやなパターンだな」とつぶやく。現実味がある。

　このようにして二時間ずつ三週間の、観察ではなく触察で、耳の部屋が大きいので聴覚がよいなどの特徴が見えた動物Aは、イヌとわかる。その後動物B、C、D、つまりウサギ、ネコ、サルへと進み、一つ一つにかかる時間はどんどん短くなっていく。この様子を観察していた著者は自分でも触りたくなってくる（当然だ）。すると、ある日、先生がそっと骨を置いてくれた。しかしすぐに、指先が生徒のようにははたらかないことに気づかされ、傍観者に徹してこの授業の意味を読みとることにする。

　このユニークな授業が実は四〇年も続いていると知って驚いた。始めたのは青柳昌宏先生だ。子どもの頃から昆虫愛好家のなかでは有名で、生物教師になってからは南極のペンギン観察でも名を馳せた。生徒中心の授業をする名物教師としても知られていた。当時、視覚障害のある生徒の理科教育のうち、物理、化学は実験も含めてかなり進んでいたが、生物は置き去りにされていた。そこで白羽の矢が立ったのが青柳先生だったのだ。

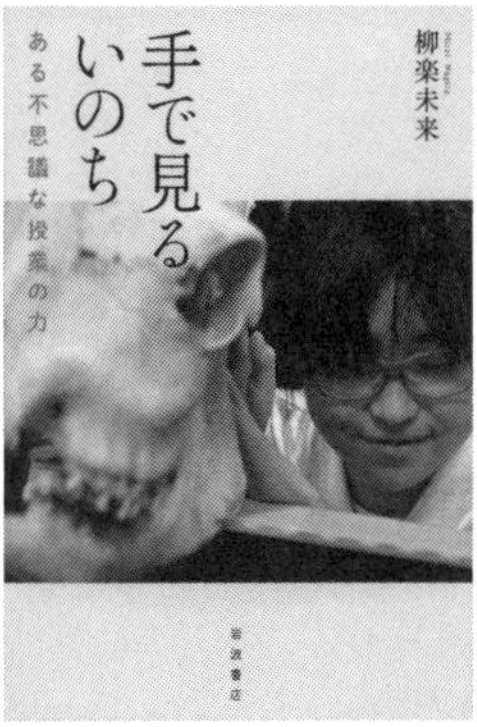

　とにかく実物に触れることだ。校庭に縦五〇センチ、横一メートルの木枠を置き、中の植物に触って葉の形、生え方、硬さなどを調べるところから始めた。「背の高い植物の葉は

軟らかく元気なのに、日の当たらない下の葉っぱは硬い」。生徒たちの発見だ。毎日葉っぱを見ているけれどこんなふうに理解してはいないぞ。多くの方がそう思われるのではないだろうか。このわかり方、いいなと思う。ペンギンの標本に触りながら南極の話を聞くときには目が輝いていた、と著者は書く。

動物は骨で行こうと青柳先生は決めた。葉っぱと骨に触れる授業を考え、視覚障害のある生徒の進路を広げたいと強く思っていた鳥山由子先生と共同で授業を体系化していった。その後継者が武井先生なのだ。この連繫の結果、大学の理系（物理）に進学する生徒が誕生したのである。もちろん、大学側もある種の革命を必要としたが、高校の授業を体系化した先生たち二人の力が大きい。

先生たちは言う。「骨は語る」と。毛皮や筋肉ではなく「骨には穴にも突起にも空間にも生きていたときの姿を考えるヒントが詰まっている」のである。はく製や模型ではこうはならない。骨に触って何かを発見した生徒はうれしくなり、その発見を言葉にしていく。そして点字で書きとめる。ウサギは後ろ足の裏が全部地面についていることがわかり、それがジャンプにつながることもわかってくる。「コツコツコツコツ」。著者が聞いた点字を打つ音である。「自分のうれしい気持ちを伝えるために自分の頭で考えた言楽が生まれてくる。発する言葉はすべて、自分の手で触った体験に基づいている」。その喜びが音にこめられているのだ。このような体験を、今、どれだけの子どもたちがしているだろうか。ここには学びの原点がある。

（岩波書店）

〔二〇一九年五月五日〕

農業への危機感と希望と

小林宙『タネの未来――僕が15歳でタネの会社を起業したわけ』

「タネの話をするから聞いてほしい――。」

「そうと聞いて大喜びで前のめり気味に話を聞きたがる人は、日本中探してもほとんどいないだろう……ということは、一応、自分でも分かっているつもりだ。」

このように始まる本書。著者は、中学三年生でタネに関する会社をつくり、高校二年生の今は、大学受験を気にしながらも「学業以外の時間をすべてタネにつぎこんでいる」。その思いを語ろうというのだから、ここはじっくり聞くのが礼儀だ。一人の大人としてそう思う。

小さい頃から公園でドングリや松ぼっくりを集めることが大好きだった著者は、小学校でのアサガオ栽培でのタネ採りに始まり、植物を育てることに熱中する。そのうち、タネから野菜を育てたいと思うようになり、野菜栽培に関する本を片っ端から読んでいく。対象はいつか古書にまで広がり、昭和初期の「農業」の教科書に、すでに栽培されなくなっている国産種を見つけ、これを育てたくなる。

そこで始まったタネ探し。幸い、長野、新潟、岩手という農業県に親戚があるので、そこのタネ屋巡りに始まり、中学生になるとインターネットで調べるようにもなる。そのなかで目的のタネも種苗店も消えていきつつあることに気づくのだ。長い間受け継がれてきたタネは一度途絶えたら二度と手に入らない。それは地域の文化を失うことでもある。

ここで著者は決心する。これはもう趣味ではない。お小遣いでは旅費も足りなくなってきたし、事業にしよう。目的は、日本の伝統野菜のタネを守ることだ。それには「地域を越えてタネの需要を生み出し、全国規模で流通させる仕組みが必要だ」。そこで高校合格を手にした中学三年生が父親と一緒に税務署に開業届を提出する。屋号は「鶴《かく》頸《けい》種苗流通プロモーション」。無名の伝統野菜のタネを流通させる仕事の始まりである。

高校生がここまで決心したのは、このままではタネは必ず消えるという危機意識からである。課題は三つある。まず、特定の組織や個人が世界中のタネを独占していること。タネの主流はF1と呼ばれる一代限りのものになっており、今もその多くを大企業がもっている。次に、温暖化などの環境変化が激しいこと。三つめが農家による自家採種が制限されようとしていること。法律もその方向に変えられつつある。ここには組換えDNA作物の普及とも関連した今後の農業のあり方という課題があり、実情を知るにつれて危機感が高まるのはよくわかる。

的確な現状認識とこれからの農業、さらには伝統文化にまで思いを致しての事業開始だが、その具体はとても日常的で微笑《ほほえ》ましい（ちょっと失礼な言い方かなと心配しながら）。事務所は自室で、入り口に筆で屋号を書いた貼紙がある。主な作業は、趣味の頃と同じく、リュックを背負っての旅だが、事業主としてアポをとっての訪問であり、相手も時間をとってくれる。こうして集めたタネを工夫して作った茶色の紙袋に入れ、協力してくれる八百屋、花屋、本屋などに手数料三割で置いてもらう。大事なのが家族の協力である。とくに中二と小六の妹たちは、雑用係と自称しながらお兄さんが大好きで大事な働き手だ。

175 『タネの未来――僕が15歳でタネの会社を起業したわけ』

「農業界はたぶん、いいほうへ変わっていく」。最後に著者はこう書く。タネ流通業を通して人に接している中で、多様な経歴の人が農業に入るハードルが下がっているという実感から生まれた言葉である。頼もしくてすてきな次世代への期待が膨らんできた。宙くんいいぞ！

（家の光協会）

［二〇一九年十一月三日］

7　こんな切り口が新しい道に続く

このまま進歩・拡大の方向へ進んで格差や分断を生み、暮らしにくい社会をつくっていく道は明るい未来につながらないと思い始めた人が少なくないのだろう。生命誌が探し出そうとしている生きものとしての「本来の道」へと続く新しい切り口が、さまざまな分野から出されている。

現代の科学技術社会を支える科学のなかでも物理学は常に先端を走ってきた。そこにあるのは機械論的世界観である。

しかし実は、二十世紀に入って量子論が生まれ、そこから宇宙の誕生にまで眼を向け始めた物理学は、それ自体のなかに機械論では済まない事象を含み始めたのである。それを素直に受け止め、複雑な自然にそのまま向き合う新しい自然観、世界観をもつ物理学者が登場している。その一つである非線形科学は、生命誌と呼応する魅力的な知である。

このように科学の基本に始まって社会学、ロボット工学、美術、医療、手工芸、建築・土木などなど、社会のあらゆる分野で同じような動きが見られる。どれも心揺さぶられる魅力的な思考と行動から成り、ここから見える未来は明るい。

複雑な自然にそのまま向き合う物理学をつくること。「風景という知」で二元論を超えること。今この瞬間を生きることの意味を示してくれる自然の見方を求めること。あまり考えこまずに

「周りに半ば委ねるロボット」から学ぶこと。学問と言う前に自身が真の意味での知的存在であるかを問うこと。賢治のデクノボーが示す「無主の希望」をもつこと。「地上にあることはそれ自体祝福であるのか」と問うこと。弱さや問題を抱えながらどう生きるかを考えること。小さなシステムの持つ力を生かすこと。「手」を動かして考えること。

ここで取り上げた本で語られていることを一言ずつにまとめると、こんなふうになる。

特別なことはどこにもないけれど、権力を求めて大きくなっていく道とは違う方向を見ていることは明らかだ。特別なことに見えないというのは非難の言葉ではない。むしろ、そこにこそ意味があるのだ。どこに向かうのかがわからないまま、ただただ急いで走り続ける今の社会に疑問を持ち、自分なりのさまざまな道を探っている人が急速に増えていると感じる。生命誌は、それらすべてと手をつないで、本来の道を探したいと思う。

自分の言葉で考える存在になるには

内田義彦『生きること 学ぶこと』

日々、新聞やテレビでの報道を通して知らされる「社会」について、自分もその構成員の一人であり、なにがしかの責任を負っているのだと思うと、このままではいけないと思う。政治、経済など直接社会を動かすところではなく、生物学という小さな世界で暮らしている立場から、今、最も気になるのは、「自分の言葉で考える」という基本が失われていることだ。これは、学問の世界に止まらない。自分、言葉、考えるという単語は、人間が生きることの基本を支えるものであり、誰にとっても大切なものだ。それが消えてしまったら、人間として生きている人がいないことになってしまうのではないかと心配になる。

経済学者である著者の学問に対する態度はこの疑問にある答えを与えてくれる。学問とはどのようなものであるか、それにどう向かっていったらよいかという問いを立ててのさまざまな思考は、学問を越えて生きることのあり方を示している。ここで、経済学（社会科学）とは無関係、いや学問など関心ないと言わないで欲しい。専門知識にこり固まった学者の学問ではないものがここにはある。

構成は四部から成り、「常識」を問うに始まり、次いで「方法」、「教育」、「芸術」をそれぞれ問う、と続く。常識の項では、日常と学問の関係が扱われているが、面白かったのは「適度な正確さ」という話だ。例にあげられているのは、中谷宇吉郎による地球の円さについての説明である。地球が円いということは今や常識だが、少し知識のある人になると、実は地球は完全に球ではなく南北方向に縮んだ楕円になっていることを知っている。

そこで、著者は地球と聞くと夏みかんのような少し平べったい円を思い浮かべ、この方がより正確だと思っていた。ところが、中谷によると、地球の直径は一万三千キロであり、南北の半径がやや短いので確かに楕円だが、短い分は約二二キロに過ぎない。つまり直径六センチの地球を描くとすれば、東西と南北の半径の差は線の幅のなかに入ってしまうというのだ。

この例は、学問的に正確だと思っていたことが、現実を知るうえでは決して正確ではないことを示している。漠とした全体認識による安易さでも、学問的正確へのこだわりでもない、適度な正確さこそが、具体的対処にとって重要であり、学問の社会のなかでのあるべき姿であると言える。

日常と学問について考える場合、言葉の問題も重要だ。科学について書かれた本の場合、英語の方がわかりやすいことがよくある。ほとんどが日常語なので新しい言葉に出合ったときにも類推ができるからだ。著者は「専門語を学問を理解するのに必要な用語として覚えるのに精一杯で、社会そのものをこの眼で学問的に見るための言葉として獲得していない」と現在の学問のありようを批判する。

これは科学（社会科学も含めて）が輸入したものであることと深く関わっており、日常語で話せることになって初めて自分の学問を生みだせるのではないかという著者の意見に同意する。学問と社会という問題が重要であり、日本語について考えることが大事になっている現在、これはおろそかにできない課題である。

どうも書評というより、著者の名を借りて自分の思いを述べている格好を呈してきたが、そのくらい共感することが多いということなのでお許しいただきたい。「方法」についても同じだ。ここでも関心は、社会のなかでの学問のあり方に向けられる。「方法」としては、学問論上の問い、つまり「原理への問い」と「ハウ・トゥ的思考」があるが、

この両者が相互に浸透し緊張関係にある状態で考えることが大事だというのが著者の姿勢である。

具体例が示される。結核で入院し、医師の指示に忠実な患者として暮らしているうちに、ある時その指示を拒否する事態が起き、そのときから自分を看護人として見る眼ができたというのである。この看護人の立場こそ、原理とハウ・トゥを結ぶものというわけだ。

曇った眼、澄んだ眼という指摘も面白い。アダム・スミスについて考える時、二十世紀から十八世紀を見ればよく見える眼になる。ここで同時に、十八世紀のなかにいて不透明にならざるを得ない眼も必要であると著者は言う。ここから創造が生まれるというのだ。歴史を見るときには常に現在の眼と当時の眼が必要ということである。その他、社会科学の分化と総合、学問の創造と「教育」、学問と「芸術」など興味深いテーマが並ぶ。いずれも、複合の眼で、日常感覚を生かしており、音楽と同じように学問も楽しみのなかから生まれてくるという姿勢が貫かれている。

狭い意味の学問論ではない。あなたの好奇心を生かして知的存在として生きて行こうという誘いである。IT革命を言うなら、コンピュータやそのソフトウェアを云々する前に、人間自身が真の意味での知的存在でなければならない。本書はそれを試みた先達からの贈り物である。

平易な言葉の裏には複雑な意味が含まれていることも承知のうえで、平易を平易のまま大いに楽しんだ。
本書は、「内田義彦セレクション」の第一巻であり、以後、『ことばと音、そして身体』『社会科学をどう学ぶか』『日本を考える』と続くことになっており、いずれも手にとるのが楽しみである。

（藤原書店）

［二〇〇〇年七月二十三日］

市民科学者が残した美しい小説

高木仁三郎『鳥たちの舞うとき』

著者名を見て、〝えっ〟と思う方も少なくなかろう。原子力資料情報室代表として、脱原発社会をめざし、論理と科学の上に立っての発言と行動を続け、今年十月に直腸ガンで亡くなった、あの高木さんが最後のメッセージとして残した小説である。

夫人が書かれた〝あとがき〟に〝子どものころは科学よりもむしろ文学をめざしていたそうで、詩や小説をよく読んでいた。リタイヤしたら小説の構想を練りたいとつねづね言っていた〟とある。最後の最後の時間を使って語りおろされたこの作品は、もっと書きこみ、ふくらませたいと思いながらその力を出すことができずに終わった、とある。

専門家が小説としてみた時の物足りなさはあるだろう。しかし、二十世紀後半に、真摯な科学者（著者の言葉を使うなら市民科学者）として生きた人が、次の世代に伝えたかったのはこれなんだというメッセージ性は、科学の言葉で書かれた論文や書物を越えるものがあり、思いは充分以上に伝わってくる。

G県にある、深い森と渓流の美しい天楽谷のダム工事現場で不審な自動車事故があいついだ。転落した車に乗っていた作業員による、多数のカラスが現場付近で騒いでいたという証言があり、カラスの射殺、さらにはカラスを煽動した疑いでの工事反対派の長の逮捕・起訴へと展開していく。

肺ガンで余命半年と言われている草野浩平は原発訴訟の裁判に証人として参加し、そこで感じた空しさに疲れ果てた体で乗った新幹線で、この事件への関与を依頼される。休養を取りたいのに、カラスが裁かれる事件などに関わっていられるか。そう思うのだが結局、彼は事件の現場である天楽谷に行くことになる。

天楽谷区長であり、カラス煽動の疑いで逮捕された平嘉平は、春秋に公会堂でモーツァルト音楽祭を開催するなど、自然、文化、人間のすべてが豊かな地をつくろうとしている人だ。登場人物のなかの役割からは浩平が著者であると思う他ないわけだが、嘉平こそ著者が望んだ生き方をした人なのだろう。その描写には思いがこめられている。

体制と反体制、開発と自然保護などというみみっちい対立を越えた、論理や科学の枠をも飛び出した場にゆったりと生きたい。嘉平のような特別の人だけでなく、皆がそういう暮らし方ができる社会を作りたいという強い願いが伝わってくる。これが、あれだけエネルギッシュな、そして魅力的な活動をさせていたのだと改めて思う。

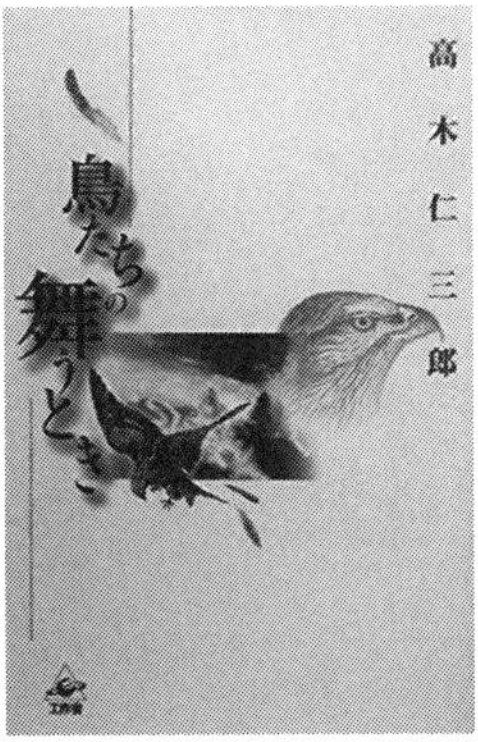

天楽谷で、嘉平以上に浩平を惹きつけたのは、嘉平の孫の麻耶だ。彼女は、鳥と話し合える。とくに鳥たちのリーダー、トンビのアオとは、心の通じ合う仲だ。アオと麻耶と浩平のふしぎな三角関係……鳥がからんだ裁判の話はこうして進んでいくのだが、圧巻は法廷の場面だ。
傍聴に参加する人々が列を作る頃、裁判所の庭から近く

の公園までの木々には無数の鳥が静かに止まっていた。しかも、法廷に入った人々は、天井の梁にトンビ、カラス、ヒヨドリ、ムクドリ、モズ、ハヤブサなどが並んで裁判長の席を見下ろしているのに気づくのだ。シーンとした中の緊張感が感じとれるこの場面を思い描くと胸がしめつけられる。

市民科学者としての活動は苦労の連続だったし、志半ばでの死去も無念だったろう。長生きして欲しかった。でも、美しい言葉とやさしさに満ちたこの小説を読んで、なんとみごとに生きた人だろう、幸せな一生だったに違いないと羨ましくなった。

（工作舎）

〔二〇〇〇年十二月三日〕

その豊かさを
なぜ損なってしまうのか

オギュスタン・ベルク　木岡伸夫訳
『風景という知
——近代のパラダイムを超えて』
高木仁三郎
『いま自然をどうみるか』

三月十一日、電車のなかで読むために持って出たのが、刊行されたばかりの『風景という知』だった。そしてあの地震に遭ったのである。以来、なぜかこの本が気になり、鞄に入れて持ち歩き、取り出しては読む——というより対話している。「風景という知」または「風景知」(原題は、La Pensée Paysagère) に対置されるものとして著者は「風景についての知」をあげる。

「私たちの祖先は、風景にこころを向けたわけではないのに、驚くべき風景知を演じている。いっぽう私たちは、風景についての知で溢れかえりながら、風景知があからさまに欠如している。どうしてそういうことが生じるのだろうか」

「問題は、風景を考えることが、もしかすると風景を損なってしまうのではなかろうか、と

自問することだ」と著者は課題を出す。この「〇〇についての知」と「〇〇という知」の対比は、風景に限らない。たとえば、この文の「風景」を「生命」に変えれば、そのまま通じ、まさに今それが問題なのである。

一方、『いま自然をどうみるか』は、初版が一九八五年、九八年に増補新版が出された。「気になる本」を集めた棚に置き、折に触れて手にしてきたが、東日本大震災と福島原発の事故を機に新装版が出たのは、今この本が読みたい人がいると考えてのことだろう。

一九六〇年代、最先端科学である原子核研究を始めた著者は、現代科学（技術）のはらむ問題に出会い、原子力を批判する立場をとるようになる。そのなかで「科学技術の批判からもう一歩進めて、基底となる自然観の問題に立ち入ってみなくてはなるまい、と思うようになった」のである。科学技術を支える自然観は、

一、自然を人間にとって克服すべき制約とみる

二、自然の有用性を見てそこから能うかぎり多くの富と利潤を引きだそうとする

三、自然利用のために自然を私有の対象とするものである。そしてこれを「人間の主体性の発露と自由の拡大とみて、進歩と自由の名において正当化した」ことが最大の問題であると著者は指摘する。これこそ「自然についての知」が自然を損なってしまう姿であり、ここで生きものとしての感覚をもっている人なら「自然という知」に学ばなくてはならないと思うようになって当然である。

本書は「第一部　人は自然をどうみてきたか」と「第二部　いま自然をどうみるか」から成り、ギリシャから現代までの自然観の変化を追う。ギリシャは自然を神話の世界から解放した「知の自然観」を生み、それが科学へとつながる。しかし一方、農業労働など日常のなかにある「手の自然観」も歴史の底流として存在し続けた。

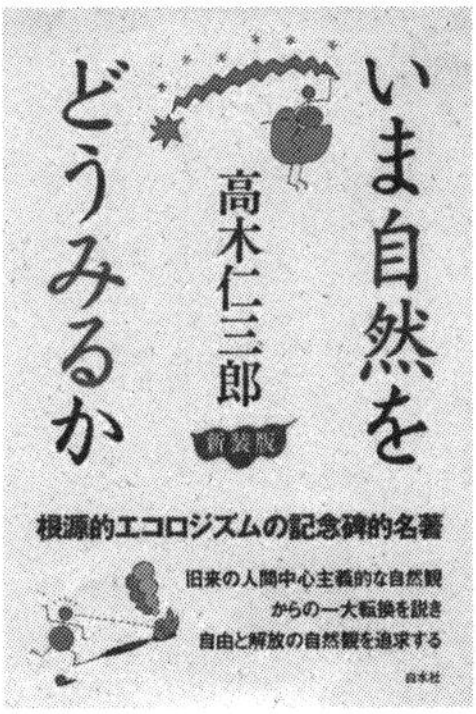

「知の自然観」は機械論につながり、科学技術文明を生み出す。そのなかで新しい宇宙論なども生まれるが、それは「今というかけがえのない瞬間の、実際のこの世界のなかで、私たちが今そうしているように生きていることの意味を示してはくれない」と著者は嘆く。この思いを共有し、私は生命誌を始めたのだ。

そこで新しい方向として、たとえば、金芝河《キムジハ》の「生命の文化」を取り上げ、ここに「手の実践」をも踏まえた新しい世界観を見出すのである。結局は、一人一人が「みずからの内なる自然性の発現を基軸に、外なる自然ともつながり自然に生きることだ」という、ある意味あたりまえのところに落ち着くのだが、著者の主張はそれを個人に止めず社会的運動にする必要があるとするところに特徴がある。

今、多くの人が原子力を自分の問題とし始めていると思うのだが、一時の感情に動かされず、自然との向き合い方という基本から考える本書の姿勢は重要である。すべての記述に賛成というわけではないけれど、共感するところが多い。

ここで『風景という知』に戻ろう。著者によれば、風景は自然、社会、個人の三つの水準をもち、それが存在するためには文化のなかで、さまざまな形をとって現れてくる必要がある。それは、場所の美しさを歌う文学、観賞用庭園、眺望を享受する建築、環境を表現する絵画、風景を表現する語、風景についての反省などさまざまである。つまり風景は、私たちと環境との関係のうちにあるものなのである。よって、風景は人間の視線を原理とするのだが、実はそこには人間の視線を想定しない面があり、この両義性が「風景の現実をその豊かさにおいてとらえ」させてくれるという指摘は興味深い。

風景の誕生を中国の「山水」に求める著者が「私の考えをそのまま先取りしている」という宗炳《そうへい》（三七五―四四三）は「山水のすべては、物質を有しながら精神に向かう」と記した。物質的で可視的である一方、非物質的で不可視的なのである。

ところでこのような風景についての知を進めてきた近代が、実は風景を壊してきたのは、それのもつ二元論故であり、これを超えねばならぬと著者は言う。京都の街中のマンションが、伝統的町並の眺望を売り物にするなんてなんとふしぎなことかと思わなければおかしいわけだ。三月十一日、三陸海岸の風景は、自然の威力もさることながら、現代文明のなかにあったが故に壊されたのではないだろうか。

「風景という知」、さらに広げて「〇〇という知」を必要とする時が来ているのだと思い知らされた。

（『風景という知』世界思想社）（『いま自然をどうみるか』白水社）

［二〇一一年五月二十二日］

新しい自然観を与える科学

蔵本由紀
『非線形科学』

どうしよう。やはりたくさんの方がお読みになる新聞には向かないかなあ。――さんざん悩んだあげく思いきって取り上げることにした。

「自然は複雑でやわらかな構造をもっています。それにすなおにフィットするような科学が今求められているように思います。そうした自然の記述方法を、非線形現象の科学はさまざまに模索してきました。聳《そび》え立つ堅固な建築物のような伝統的な物理学は、それ自身もちろんすばらしいものですが、非線形現象の科学はそれとは対照的に、はっきりした構造をもたない網目状の知識構造として、生きもののごとく成長していくのかもしれません」。

「科学も単に論理一本やりの世界ではありません。それはイメージ豊かな世界であり、感じられ生きられる世界でもあります。したがって、そこには日常語で効果的に伝えることのできる多くの情報があるはずです」。

物理学の最先端を走っているお一人がこう言っているのだ。聳え立つ堅固な建築物が実際に毎日建てられている都会に暮らし、これが科学がつくり出す世界だと思っていてはいけないらしいと思わされる。それに対して、複雑でやわらかな自然にすなおに向き合い、日常語で語る科学こそこれからの科学だと言うのだから聞いただけで胸が高鳴る。今、これが必要なのだ。どんなに大変でも、このような新しい自然の見方を組み立てていくことが、今、あらゆる分野の研究者に求められている。

けれども、果敢にこれに挑戦する人は多くない。著者は、一九七〇年代、この分野の黎明期に、そこにある新しい自然観に惹かれてとびこみ、自然界の同期現象の数学的モデルをつくったことで高く評価されている（本書に、実は反応がなさすぎて論文にはできず学会発表の記録で認められたのだとある。興味深いエピソードだ）。

非線形の例として著者が最初にあげるのがアイロンという日用品だ。自動制御で温度が上昇・下降をくり返す系である。一見単純だが、このように、自らの状態に応じて変化を調節する系からは、生きもののような自己組織化現象が生まれるのである。アイロンが生きものにつ

ながるとは意外だが、システムとして見ればその通りだ。このようなものの見方をする著者は、それを非線形科学、つまり「生きた自然に格別の関心を寄せる数理的な科学」と定義する。もちろん対象には非生命体も含むが、大事なのはアイロンのように、巨大でもなく微視でもない、普通の大きさのところで起きる普通の現象に眼を向けるということである（実はこれが一番難しい）。ここには、なぜか創発という興味深い現象が起きるのである。

非線形科学が対象にする具体的な現象として登場するのは、パターン形成、リズムと同期（シンクロナイズ）、カオス、ゆらぎなどである。科学にちょっと関心のある方なら小耳にはさんだ事のある言葉だろう。本書では、これらを自然という実体と結びつけながら明快に語り、全体像を見せてくれる。ただここでお断りしなければならないのは、やはり難しいところがあることだ。最初に悩んだ理由はここにある。

数式はなるべく使わず日常語で語るという著者の意図は充分生かされているのだが、一度読んだだけでストンと入ってくるというわけにはいかない。でも何度も読み返す価値はあるし、ピンと来たところを受け止めるだけでも、今の科学に欠けている日常について考える面白さがここにあることはわかる。

非線形科学の基本は崩壊と創造だと言うのだから、生きものとつながりそうだ。物理学的に言うなら崩壊は「エネルギーの散逸」であり、創造は「自己組織化」だ。自然はダイナミックにこれをくり返す結果、先述したカオス、ゆらぎ、同期などが見えるのである。そして、その背後に、同期の場合であれば、振り子時計、概日《がいじつ》リズム（一日単位の生命現象のリズム）、ホタルの明滅、心拍など多様な現象を実現する数理構造が見出せる。現象横断的な不変（普遍）構造が、時計とホタルのように思いがけないものを結びつけ、新しい世界を見せてくれるのだ。

著者はこれを隠喩に近いと言う。このように非線形科学は、個々の物の間の距離関係が激変する世界像を見せてくれる。科学は日常の大きさのところを語るのが苦手と思われているが、この科学は日常のなかに意外さを見せてくれて楽しそうだ。

（集英社新書）

［二〇〇七年九月三十日］

豊かな「愚」を生きる意識体

今福龍太『宮沢賢治　デクノボーの叡知』

「賢治作品を読むことで、現代を生きる人々が忘れていることをいかに再発見できるか」という言葉で始まる本を読まないわけにはいかない。

きっかけは、二〇一四年九月二十七日の木曽御嶽山《おんたけ》での大規模噴火だとある。現場にいた登山者が「噴石の大きさは軽自動車ぐらい」と喩《たと》えたことに著者はひっかかる。「グスコーブドリの伝記」の「爆発すれば牛や卓子（テーブル）ぐらゐの岩は熱い灰や瓦斯《がす》といつしよに落ちてくる」という一節を思い出したからだ。賢治が牛になぞらえた噴石は人間にとって他者ではなく、一方軽自動車は身体的感覚からは、ずれている。賢治にとって人間、動物、森、山、水、大地は「共感と共苦の世界をともに生きている」のであり、火山を災害の根源とはしない自然との向き合い方をしている。

ここで、二〇一一年三月十一日の東日本大震災の時、どうしたらよいかわからないまま、なぜか宮沢賢治を読み始めたことを思い出した。科学技術文明のなかで、深く考えることもなく暮らしているところへ自然の大きな力を見せつけられたとき、考え始める手がかりとなるのが賢治なのかもしれない。

忘れていることの再発見の切り口として著者が注目するのが、タイトルにある「デクノボー」である。「雨ニモマケズ」のなかに「ホメラレモセズ、クニモサレズ、サウイフモノニ、ワタシハナリタイ」として描き出されているあれだ。

ここで注目するのが「虔十《けんじゅう》公園林」の主人公虔十である。「虔十はいつも縄の帯をしめてわらって杜《もり》の中や畑の間をゆっくりあるいてゐるのでした」と始まる。賢治の物語はどれも始まりがよい。子どもたちからもばかにされていた虔十が植えた杉はゆっくり成長し、二〇年後に村がすっかり町になった時も林としてそのまま残り、子どもがにぎやかに遊んでいた。「あゝ全くたれが賢くたれが賢くないかはわかりません」と物語は終わる。

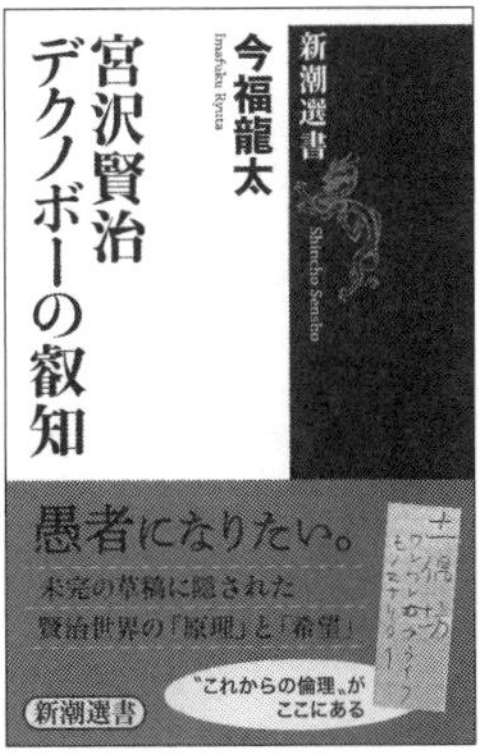

これは障害者と健常者が共生する思想の先駆的な提示ではない。デクノボーは「人間的な狡知《こうち》から解放されて、世俗の外部にある豊かな『愚』を生きるための、夢のような

意識体」であり「そこに、人間の本当の故郷があるかもしれない可能性を、探究してみたい」という著者に共感する。

賢治の作品で最もよく使われるのは「風」であると著者は言う。確かに風聞……文字通り「風に聞いた物語」が多い。「賢治にとって風は、啓蒙《けいもう》の光（=明るい世界）の対極にあるもの」、「豊饒《ほうじょう》な闇を出現させて謎を謎のままに守ろうとする」ものなのであるという指摘にも肯《うなず》く。徹底的に管理された情報で人類の未来の繁栄が築かれるという嘯《うそぶ》きから賢治とともに決別し、存在の深淵《しんえん》から来ることばに聞き耳を立てよう。

「春と修羅」を詩ではなく「心象スケッチ」とする賢治はそれを「田園の風と光との中からつやゝかな果実や、青い蔬菜《そさい》と一緒に提供する」と言う。限界のある意識と体をもちながら高次の可能態の地平と触れ合おうとしているのだ。こうして書かれた物語はファンタジーに見え、その場がイーハトーブだが、実は賢治の世界では幻想こそがほんとうの世界に近づく方法なのだ。

社会通念や常識で現実の輪郭を固める大人になる前の子どもたちに、このようにして見えてくる世界ではあらゆることが可能であるという真実を伝えるために、賢治は童話を書いたのである。デクノボーが示す「無主の（独占的所有者のいない）希望」を「賢治とともに私たちが希求すべき世界の可能性」とすることが、今、本当に必要だ。読後、眼《め》を閉じて賢治と著者が重ね合わさって見えてくる姿の上に自分を重ね合わせた。

（新潮選書）

［二〇二〇年一月五日］

ひとりひとりに与えられた空間

内藤礼『空を見てよかった』

包みから二センチほどの厚さの純白の本が出てきた。右端に小さく銀色に光る文字が置かれている。

新型コロナウイルスの感染拡大によって、普通の暮しができなくなり、重苦しい気分になっていたところに、思いがけない贈り物が届いたと思えた。

開く前に、手を洗った。ウイルス感染を避けるために行なっている手洗いとは違って、心の置き場所を変えるための儀式として丁寧に洗い、真っ白い表紙を開いた。

ひかり　あさ　まばたき　ふとん
りんご　やま　かけあし　のはら

何でもない言葉だけれど、ああ私はこんなふうに暮らしているんだ、いや、暮らしたいんだと再確認し、気持ちが落ち着いた。

内藤礼の作品に初めて触れたのは二〇〇一年。瀬戸内海に浮かぶ直島の《このことを》家プロジェクト「きんざ」へと作者からのお誘いがあったのだ。古い家屋の天井や床を除いた建物のなかに一人で入り、一五分間観賞する。外壁の下側にある小さな明り取りから入る自然光が、時間と共に少しずつ動いていくなかに静かに坐っていると、生きているという感覚が湧き上がり心地よいのだった。

この作品につけられた言葉が本書にある。

「生まれて来るひとはひとり、足をそろえ、足先だけを見つめ、それは一心に降り立つ。と、そのためらいのない着地に、はからずも自らの影とともにひとつの空間が生まれ、以来そのひとは、ごくわずかな広さともいえない、けれども、永遠に独自の、立つための地上の大きさを受け持つ」。

ひっそりと、しかし、わたしとして自分の足で立っていたいと願う者には、わたしの空間が与えられるのである。そこに何か答えがあるわけではないのだが、与えられてよかったと心から思える空間である。

東日本大震災の後、著者は初めて「ひと」を作った。軽いバルサ材の一〇センチにも満たない小さなひとは、展覧会場のあちこちにぽつんと置かれ、私がそれを見ているようでもあり、それに見られているようでもあるというふしぎな関わりが生まれる。多くの人が想定外と言われる災害の前で無力感にさいなまれているときに出会ったその小さなひとは、はかなげでありながら、それぞれの人にわたしの空間を与えてくれるものだった。

内藤礼の作品は、これ以上の静謐《せいひつ》さがあるだろうかと思わせるものでありながら、どう生きたらよいのだろうと悩むときに多くを語りかけてくれる。本書では作品と同じ静けさをもつ文が語り掛けてくれる。
パッと開いたページのどこにも「ひとりにひとつ与えら

れている」空間を感じることができ、そこに招き入れられる心地よさを味わえるのである。

「地上に存在していることは　それ自体　祝福であるのか」

著者が問い続けている問いである。本書の読者はともにこの問いに向き合わなければならないのだが、ここにある曖昧さやもどかしさは決して不快なものではない。むしろ爽やかである。「ここにはもうすでに空間があるというのに、なぜそれに触れようとしているのだろう。なぜものを置こうとしているのか。（中略）この世界に人の力を加えることがものをつくるという意味だと言うのなら、私はつくらない」

地震や豪雨に悩まされたり、あまりにも小さすぎて、その存在にすら気づかずにきたウイルスに振り回される体験をした後も、私たちはやはり物をつくり続けるだろう。ただそのときに、この言葉を思いながらつくることにしたいと思う。


（新潮社）

［二〇二〇年四月十八日］

患者の上に立たない医療

斉藤道雄
『治したくない――ひがし町診療所の日々』

北海道浦河町に「浦河ひがし町診療所」が開かれたのは二〇一四年のことだ。精神障害やアルコール依存症などの人のための小さなクリニックであり、看板を立てるなら精神科となるのだろう。ところがこのクリニック、なんだかおかしいのである。なんだかおかしい精神科と書くと、失礼と思われそうだ。お断りしておくが、決して失礼なことを言うつもりはない。そのおかしさに強烈な魅力を感じての紹介なのである。

クリニックの主は川村敏明先生。開業までは浦河日赤の精神科の医師だったのだが、経営コンサルタントによってそこの廃止案が出されたのである。実は川村先生は二〇〇六年からソーシャルワーカーと協力して長期入院患者の退院支援に挑み、四年後には驚くほどの患者が退院した。日本の精神科で大きな課題になっている数十年という長期にわたって入院している患者を、家で暮らせるようにしたのである。

その結果、高齢者を集めてベッドを埋めるか、精神科を廃止するかのどちらかを選ぶように迫られる次第となったのである。努力して精神障害者の「収容施設」をなくしたら、そこを老人の「収容施設」にしなさいと言われてもそれはできない。

そこで先生は日赤を辞め、自分のやりたいことをやることにした。心強いことに、看護師長さんが「患者さんが来なかったら、あたしが患者になるから」と言って開業を後押ししてくれた。ソーシャルワーカーも援軍となった。

こうして生まれた新しい診療所も開設から六年を経過した。実は、そこでの毎日はなんだかおかしいことの連続なのである。

具体例を自身を「精神バラバラ状態」と称する早坂さんで見て行こう。パニックや不安発作で日赤精神科に三八回入退院をくり返していたのだが、七年前の退院以来、町で暮らしている。川村先生と彼とのつき合いは三〇年間にもなる。最初は精神科の医師として治そうと努力したが、退院させてもまた戻ってくるのだ。その後の長い苦闘の末に町で暮らすようになった経緯を、早坂さんがみごとに語ってくれる。

川村先生が来てから病院が閉鎖でなく開放になり、病気はマイナスだがそのマイナスによってよいこともあるというメッセージが出て安心した。安心したら変なことがなくなっていったのだと。そして、悩みながら「ぜんぶ治してやると言ったらどうする」と聞く先生に、彼は「そんなに治さなくてもいい。すっかり治されても困る」と言ったのだという。

ここで、「半分治したから、あとの半分はみんなに治してもらえ」という言葉が、先生の口からふと出たのだそうだ。医師という専門家がその知識をフルに活用し、患者の上に立って問題を解決するという医療とは別の「医療」があることを、患者から学んでいく過程が見えて興味深い。

早坂さんは繰り返し言う。「おかしくて、いいんだ」と。ひがし町診療所で大切なのは「自分で悩んだり考えたりすることが少しずつ少しずつできるようになったんだわ」という言葉である。早坂さんの話から生きるとはどういうことかが、みごとに浮かび上がる。本書のタイトルである『治したくない』には、治療とは精神障害者を健常者にすることだという発想への疑問がこめられている。大事なのは自分を誇り、自分と和解し助けを求められることであり、それは時間のかかる入り組んだ作業なのである。

この過程を見ていると、精神障害という特別な病気の話ではなく、私自身の日常がまさにこんな風だと思えてくる。自

分がまともかどうかなんてわからない。そこで悩み、考え続けてきた。

「病気のあるなしにかかわらず、わたしたちは誰もが弱さや問題を抱えていて、なおかつ日々をどう過ごすか、どう生きるかを考えなければならない。そこをいっしょに考えるところからはじめよう」。

本書に書かれているのは浦河という小さな町の小さな診療所の日常なのだが、そこに自《おの》ずと醸し出される空気がふしぎに多くのことを考えさせる。そこでは先生をはじめ、看護師などのスタッフが「自分の力を最大限に発揮しない」という不文律のようなものがある。そうすると患者を含めた全員が場を作り出し、全体としてそこに必要な力が生まれてくるのである。

そしてそこにはなぜかいつも笑いがある。川村先生は笑いをとても大切にしている。魚屋の息子として育ち、「漁師さんたちの冗談のゆたかさ、田舎のゆたかさ」が大好きなのだ。そこには都会では感じられない笑いの質があり、田舎はすごいぞと言わせる何かがある。

小さな診療所と書いたが、川村先生を中心に行なわれている活動は診療所に止《とど》まらない。田んぼで米作りをし、グループホームを二棟運営しており、そこには「病院にいるよりすごい」病状の人が暮らしている。音楽活動、介護施設などもある。興味深いのは、これらすべてに当事者が関わっていることだ。ここにいる人は精神障害者でなく、当事者なのである。

「だから文化として変わったんですよ」

「もはや医者にすべてお任せします、先生のいうとおりにしますなどという人はいなくなった」

「正しいことじゃなくて、楽しいことを探していけたらと思っています」。

当事者の言葉だ。あらゆることは当事者が関わり合わなくては本物にならないのではないだろうか。北海道の小さな町から医療という人間の基本に関わるところにある文化を変える動きが出ていることに、心動かされずにはいられない。


（みすず書房）

［二〇二〇年六月二十七日］

行き当たりばったり戦法で、周囲を味方に

岡田美智男

『知の生態学の冒険
——J・J・ギブソンの継承　第1巻
ロボット：共生に向けたインタラクション』

J・J・ギブソンが創始した生態心理学が示す、行為主体と環境とが〈ひとつのシステム〉

を作りあげるという考え方を受け継いだ、さまざまな分野の研究者たちが、「わたしたちがどう生きるのか、何をなすべきかを考える始点は、環境に取り囲まれた存在の生態学的事実に求めなくてはならない」と考えて本シリーズを立ち上げた。このように身体の拡張性に目を向ける知を求めての第一巻のテーマがロボットであるところが、なんとも興味深い。身体は、人体に止《とど》まらないのはもちろん、生体である必要もないのだ。

それにしても、ロボットを意識して読み始めたとたんに「なにげなくとか、行き当たりばったりに……」という言葉が出てくるのには戸惑った。だが、これこそがここに登場するロボットのキーワードなのだ。例としてあげられるのが〈お掃除ロボット〉だ。すでに家庭で使っている方は、このロボットが「『あまり考えこむことなく、まわりに半ば委ねてしまおう！』という行動スタイル」をもつと言われて、納得するだろう。ロボットのために部屋を片付けたことを思い出しながら。

著者の考えるロボットは、この「まわりを味方にする」という特徴をもつ。典型例が「ゴミ箱ロボット」だ。ゴミ箱の姿でヨタヨタ歩くだけで、自分でゴミを拾うわけではない。これを子どもたちの遊ぶ広場に置いたところ、気がついた一人がゴミを放りこんだ。そこで箱はペコリとお辞儀をする。そしてたちまち箱はゴミでいっぱいになったのである。

このゴミ箱には、「冗長な自由度を抱え、それを上手に克服しながら、環境の変化に柔軟にふるまう」「環境に対して自らの身体を開きながら、ある課題に向けて、まわりと〈ひとつのシステム〉を作り上げている」という生きものっぽさがあるので、つい反応してしまうのだ。次の課題は、これを社会的な存在にすることだ。

そこで著者は、背骨を四つ積み上げた上に頭をのせたロボット、アイ・ボーンズをつくり、街角でティッシュ配りをさせた。ロボット自身をつくりこむことをせずに遠隔操作で動かすと、操作している人間がロボットの気持ちになり、「自分のなかに閉じていては、自分の身体の状態でさえもうまく把握できない」ことがわかってくる。とりあえず動いてみることが大事であり、そのぎこちなさこそが周囲の人の役割を生み出すのである。こうしてこのちょっと頼りないロボットは、街にとけこんでいくのだ。

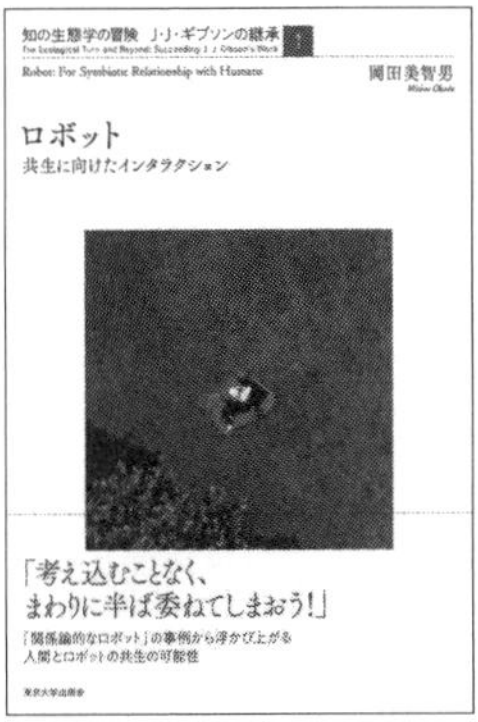

身体の拡張に重要な役割を果たす言葉の場合も、他者に半ば委ねて目的を果たすという方法は変わらない。テーブルに置いた小型アイ・ボーンズが、周りを囲む子どもたちに昔ばなしをするのだが、途中で時々、大切な言葉を忘れる。「おばあさんは川に……えっとー、なんだっけ?」となり、ここ

で子どもが「洗濯」と言えばそれに応じて話が進むのだ。関与した子どもはとても楽しそうに見える。

このようにさまざまな場面で、私たちは人の役に立つことが嬉しく、『わたしたち』としての一体感はとても心地いい」ということが示される。この時、大事なのは「お互いの『自律性』はしっかりと担保されていること」である。

今後、ロボットは社会の重要な構成要素になるだろう。機械からの発想は完璧に作りこまれたアンドロイドへの道を歩みそうで恐い。

ここに登場する、行き当たりばったりでまわりを味方にする「弱者の戦法」を生かしたロボットなら、社会の一員に迎えてもよさそうな気がする。

（東京大学出版会）

［二〇二二年五月七日］

技術と経済成長、戦後神話の呪縛

山本義隆

『リニア中央新幹線をめぐって
――原発事故とコロナ・パンデミックから見直す』

原発事故とコロナパンデミックという二つの体験から、多くの人が大量消費と一極集中に象徴される成長主義への疑問を抱くようになったのではないだろうか。

物理学を学んだ科学史家であり、科学技術を切り口として近代日本を批判の眼《め》で見てきた著者もその一人である。そして今後の社会の構築にあたり、科学技術立国を謳《うた》い、世界での競争に勝とうとして進めてきたプロジェクトには不合理なものがあり、その見直しが重要であると指摘する。その象徴として取り上げたのが、リニア中央新幹線計画だ。私も以前からこの計画には技術と発想に問題を感じていたのだが、本書で実態を知り多くを学んだ。技術、自然環境、経済、社会、政治と検討は多岐に渉《わた》る。

「超電導磁気浮上式高速鉄道」であるリニアは、時速五〇〇キロが可能な世界初の鉄道ということが唯一の利点とされるが、他は問題山積である。そもそも、東京―大阪間を一時間で結ぶという利点も、新型コロナウイルス感染拡大下でオンライン会議やテレワークが普及した今、どれだけの意味があるだろうと考える必要がある。計画概要に「世界一速い鉄道を実現し、世界の鉄道界をリードしたい」とある。技術者としてのこの気持ちは理解できるが、「新幹線は、安全性、信頼性、省エネ性、速達性、ネットワーク性、定時性、建設費用等の点では優れているが、リニアの方が高速性の点では優れている」という説明を見ると、これで鉄道界をリードできるのだろうかと首をかしげざるを得ない。

そこには、「消費電力は新幹線の四〜五倍」で、その他に液体ヘリウムなども必要とあるのだから。安全性では、浮上するまではゴムタイヤで走行しているためにパンクという危険も存在するのだ。強力な磁気の人体への影響という未解明の重大な課題もある。このような、さまざまな問題を解決したとしてもなお、最速鉄道の設置を必要とし、保守、点検が容易な所で可能な力を発揮できなければ、価値はない。南アルプスの大深度地下に通すのがよい選択とはどうしても思えない。

リニア中央新幹線を例に考えてきたが、本書の目的は不合理な巨大プロジェクトを進めてしまう日本社会のありようを考えるところにある。今とても重要なことである。著者による『近代日本一五〇年——科学技術総力戦体制の破綻』という書に詳述されているが、現在の日本は

『技術立国・経済成長・国際競争』をスローガンにして『戦後版の総力戦』としての経済成長を成し遂《と》げ」たと言える。新型コロナウイルスの対処で、スローガンを掲げての理性を欠く総力戦を呼びかけられている今、また同じことをしても、その先に市民の幸せのある社会はイメージできない。

最終章では、哲学、社会、経済など多分野から出されている、今後の社会の展望の紹介と著者の提案がなされる。そこには、脱成長、脱資本主義、地域分散ネットワーク型の循環型社会への移行が示されている。

『新自由主義』による『構造改革』が語られてから四半世紀、（中略）地方の衰退と格差の拡大、富の偏在と労働者の貧困という現実を踏まえてのことだ。社会の崩壊を避けたいなら、

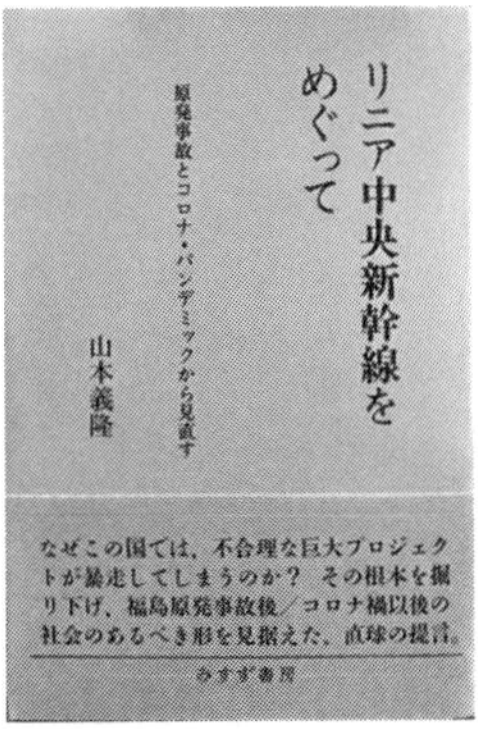

リニア中央新幹線をめぐって
原発事故とコロナ・パンデミックから見直す
山本義隆
なぜこの国では、不合理な巨大プロジェクトが暴走してしまうのか？ その根本を掘り下げ、福島原発事故後／コロナ禍以後の社会のあるべき形を見据えた、直球の提言。
みすず書房

地域の小さなシステムのもつ力を生かすことだと多くの人が考え、そちらに動き始めている」。

まさに、その通りだと思う。

（みすず書房）

［二〇二一年六月十二日］

自然という書物を読む手が考える

志村ふくみ『自選随筆集　野の果て』

著者は私がこの人と同時代を生きてよかったと思い、多くを学んでいる方の一人である。紬《つむぎ》織《おり》での重要無形文化財保持者、文化勲章受章者として御存知の方も多いだろう。随筆家でもある著者の自薦で編まれた「私」、「仕事」、「思想」三部構成の本書からは、人間、志村ふくみが浮かび上がる。随筆を書く基本には、工芸の仕事だけに一心になっていると必ずゆきづまりがくるので、何か別なことを勉強するようにという陶芸家富本憲吉の言葉がある。そこで選んだ文学の原点は、二十八歳で亡くなった長兄に病床の側《そば》で読み聞かせた『カラマーゾフの兄弟』であるとのことだ。このような著者の言葉には、師と兄とドストエフスキーへの感謝の思いがこめられており、そこから授かったものの大きさを感じる。

離婚をきっかけに、仕事として選んだ染織の支柱としたのが柳宗悦の「民芸」だった。自然に帰依すれば誰もが美しいものを生み出せるという考え方に支えられて生み出した最初の着物

「秋霞《あきがすみ》」が第五回日本伝統工芸展の奨励賞を受賞する。その後トントン拍子に評価が高まるのだが、柳宗悦は「秋霞」には〝作意がある〟として破門を宣告するのである。辛《つら》い体験だったが、「思いっきり、自分のやりたいことをするのだと心に言いきかせた」という。惹《ひ》かれるのはこの内に秘めた強さである。

著者は草木染を選ぶ。「染色の口伝」に「染料になる草木は自分の生命を人間のために捧《ささ》げ」るのだから、私たちは「感謝と木霊《こだま》への祈り」をもつようにしなければならないとある。その実例だと思わせる印象的なエピソードがある。道路拡張で切り倒された榛《はん》の木の切り株から地面を真っ赤に染めて木屑《きくず》が散っているという知らせに、急いでかけつけ剥《は》いだ皮を炊き出す。できた金茶色の液を媒染すると、「榛の木の精の色」としか思えない色になったというのだ。「榛の木がよみがえった」と思ったそうだ。

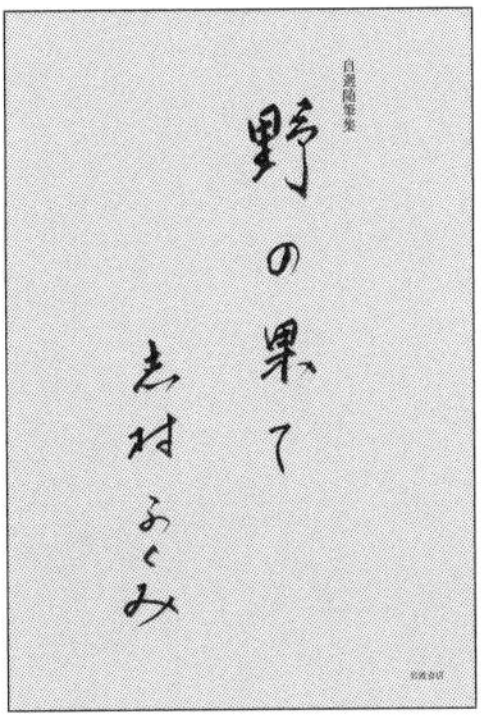

草木染では緑が出せないというのが、興味深い。自然はこれほど緑に満ちているのに、葉を絞った緑の液は刻々色を失い灰色になる。刈安《かりやす》や梔子《くちなし》などで染めた黄色の糸を藍甕《がめ》につけて、初めて緑が生まれるのだ。他の色は「染まる」のだが、緑はなぜか「生まれる」と言いたくなると著者は言う。

ここでゲーテが登場し、「光のそばに黄があり、闇のそばには青がある。この二つが完全に均衡を保って混ざると緑が現れる」と語る。闇と光が生み出す色が生命の色、緑だというわけだ。ここで著者は、藍甕のなかで竹棒で絞り上げた後、力を抜くと、空気に触れた糸がエメラルドグリーンに輝くことを思う。ところがこれは一瞬に過ぎず、すぐに縹色《はなだ》（薄い藍色）になるのだ。緑はどこへ行くのだろう。

著者は日々、自らの手と眼《め》を通して、「自然という書物」を読んでいるのである。「機を織っていてしばしば手は考えている、と実感する」。頭よりも先に手が色を選ぶのだそうだ。そのとき「人類が手仕事をしなくなれば滅びるのではないだろうか」という問いが生まれてくるそうだ。そこには、手仕事を通しての人間への信頼がある。

ところが今や「身に迫る危機は世界を覆っている」という現実を直視しないわけにはいかない。ここで著者は「今、目前にある現実がすべてではない。もっと全く違った別の道があるかも知れない」と書く。私も全く同じ思いだ。通常書評は本の全体像を伝えたと思って筆を擱《お》くのだが、今回は難しい。どのページにもこれぞ著者の真髄と思わせる言葉が溢《あふ》れており、伝え切れないのである。それらの言葉に是非直接触れていただきたい。

（岩波書店）

［二〇二三年六月十七日］

8　生命誌と重なる知

七章で述べたように、さまざまな分野で新しい道、しかも本来人間が求めているはずの道につながるものとして、構築されつつある魅力的な知がいくつも出始めている。ここでは、生命誌との重なりを強く感じるものをまとめた。

『カイエ・ソバージュ』は、「対称性の思考こそ人間の特徴とし、これを現代に鍛え上げて新しい思考形態を創造し、現代を見直そう」として構想された知である。本質をついており、対称性を生きものという切り口で考えたいのが生命誌だと思っている。『人間非機械論』は、情報学から「一元的な神の視点ではなく、個々の生命体の多元的世界こそ確実」という答えを出す。そこでは、人間と機械の違いは明確となる。今進められている情報社会の問題点が浮き彫りにされ、これも生命誌とピタリと重なる。

『多様な文明に通底するものを見る文明誌』は、多様な生きものに通底する基本を見る生命誌と重なっている。人文系の学問のなかにある生命誌につながる考え方が明示されているところが興味深い。

小説、評論として書かれた『動物哲学』、『和の思想』の底に流れる思いは、共に生命誌とつながっており、作者も生命誌に強い関心を示して下さっている。『動物哲学』では、さまざまな動物がその動物としての生き方を真剣に探っており、生命誌絵巻のなかではこんなにみごとな物語が紡がれているのだと心が動く。『和の思想』は日本の自然と文化を振り返りながらこれからの生き方を考える基本だ。本来の道へとつながる思想が形を見せてきているようでとても期待は大きい。

知性の行き詰まりを超える「対称性」

中沢新一『カイエ・ソバージュ〔完全版〕』

今夏も猛暑である。駅までの数分を歩くだけで噴き出してくる汗を拭っていると、現代文明への疑問が頭をもたげる。人間は生きものということを基本に置く生命誌としては、原点に戻って考え直したい気がするのだ。そこで『カイエ・ソバージュ〔完全版〕』を手に取った。分冊で読んできた「人類最古の哲学」(神話論)、「熊から王へ」(国家論)、「愛と経済のロゴス」(贈与論)、「神の発明」(宗教論)、「対称性人類学」の五巻をまとめてもう一度読み直そう。大部で高価なのがちょっと難点だが。

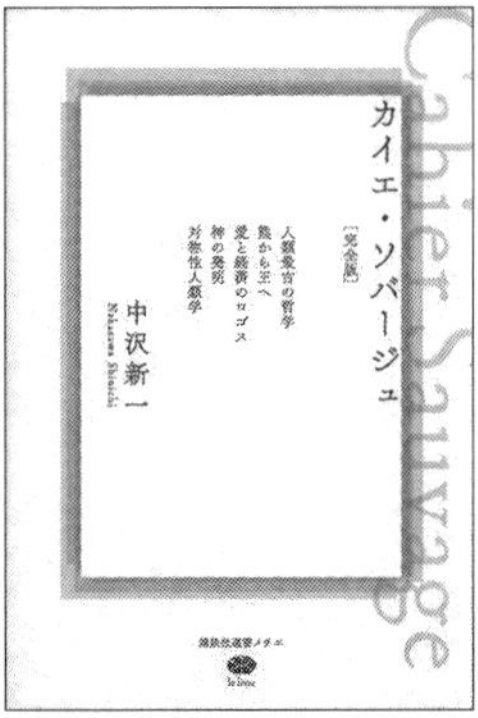

提案されるのは「対称性人類学」である。狩猟民が動物に対して「倫理的」にふるまったのは、人間と動物の間に対称性を感じていたからであり、その思考は神話に生きている。神話は科学と同じ二項論理を持ちながら、矛盾律ではなく対称性の思考原理に従うところに特徴がある。それは、精神医学で言われる「無意識の原理」と重なる。

現代は分裂症（統合失調症）を無意識による情動的思考の結果と見て、無意識を抑えこもうとする。しかし神話を読むと、無意識こそが現代人の傲慢な知性の乱用に歯止めをかけるものであることが見えてくるのである。私たち人間の脳は、それまでは各領域に特化していた認知領域がつながって「流動的知性」を生んだところに特徴がある。これこそが無意識であり、心の本質であると著者は言う。

人間の特徴は「科学的思考がよりどころとしているアリストテレス論理を使いこなす思考能力のうちにあるのではなく、ふつうの論理を壊す可能性をひめた対称性の論理で作動している流動的知性に見出《みいだ》せる」というわけだ。現代ではすべてが「形而上《けいじじょう》学化」されて人間の思考が根源の場所を失い、「一神教」、「国民国家」、「資本主義」、「科学」で動くところに問題があるのではないかという著者の指摘は鋭い。

経済は「贈与」と「交換」という対称性と非対称性二つの論理で動くのだが、金融資本主義は、心を伴う贈与を消して交換で覆いつくし、幸福感を奪った。人間とのあいだに「圧倒的な非対称」の関係をもつ一神教の神が、対称性を消して経済も交換だけにしていく役割をはたしたのである。そのなかで、キリスト教は「三位一体」という形で聖霊を神の本質とし、対称性をもとりこみながら非対称性社会を進めるという巧みな方法を発明したという指摘は著者ならではのものだ。

非対称化は、国が作られ、権力が生まれる場面でも生じる。本来、首長は「もめ事を調停し、人々の暮しに平和をもたらす」役割をもち、権力とは無縁だった。「人間社会には権力の源泉がなかった」のだ。ところが「王」が登場し、しかも近代になると当初の王がもっていた神秘性を通して存在した両義性が失われ、王権は法律的、秩序組織的側面だけを残すものとなった。科学も非対称性を進める役割をする。

そこで著者は、「対称性の思考を現代に鍛え上げることで、新しい思考の形態を創造」し、現代を見直そうと考えたのである。「空《くう》」を理想とする仏教は、対称的無意識の発達をめざした思想であり、野生の思考に根を下ろしていると見て、富や権力の蓄積に意味を見ない仏教の力を借りようと目論んでいる。
生命誌の基本である「人間は生きものの一つである」という事実はまさに対称性を示しているのであり、「非対称性人類学」はそれを人間の側から見た知と受け止めることができる。古今東西の知を飛び歩く著者のあとを追うには、ゆっくりと読んで理解を深めていきたいと思っている。とにかく、自然、生きものに向き合い、新しい生き方を探ろうとしている者として、ここに行くべき道が見える気がしている。

（講談社選書メチエ）

［二〇〇三年九月九日］

現代的意義を失わぬSF作品群

小松左京
『小松左京全集完全版　全五五巻』

全五五巻を予定する壮大な全集である。二〇〇六年秋から始まり、八冊目として、三月に対談集『地球を考える』（第三〇巻）が刊行された。

完全版と謳われているように、長編小説、短編小説、ショートショート、戯曲などのフィクション二六巻、ノンフィクションとしてエッセイや座談など二〇巻の他に未収録作品もまとめる計画とのことである。『SFマガジン』主催の「空想科学コンテスト」で一九六一年に努力賞を受賞した「地には平和を」がデビュー作とされているから、ほぼ半世紀にわたる著作の集大成である。

一九六四年に刊行された『復活の日』(第二巻に収録)、その後すぐに書き始め、九年後の一九七三年に発表した『日本沈没』(第五巻に収録予定)に代表される小松作品には二十一世紀の課題が見える。それゆえの刊行である。東日本大震災などの深刻な自然災害と新型コロナウイルスに代表されるパンデミックが私たちの日常に大きな影響を与えた今、これらの作品を読むと二十一世紀の生き方を考えるための切り口を見せられていると思わずにはいられない。

一九七〇年に日本初の国際SFシンポジウムを主宰した著者が起草した趣意書は読ませる(第一巻解説)。「数千年におよぶ農業文明時代の〈人間〉という概念にかわって〈生物としての人類〉という概念を、〈国〉や〈世界〉にかわって〈地球という名の感星〉という概念を、すべてのものごとの判断の基礎にくみこまざるを得ないほど、私たちの科学技術文明は巨大化してしまいました」「私たちの、社会的生活環境のなかにおける〈SF的状況〉の急速な拡大は、今まで〈空想〉の文学とか〈予言〉の文学とかいわれてきたSFそのものに、さらに拡大された、新しい課題をつきつけていることを痛感させずにはおきません」。まさにここで言われている通りのことが起きている。一九七〇年は「生命科学誕生」の年であり、「生物としての人類」、「地球という名の惑星」を意識した知が始まった時だと思うと感慨深い。

　少し時間を戻して一九六三年を見よう。『SFマガジン』の創刊四年目であり、SFの存在を知ったばかりの著者が自らそれを書き始めてから二年という年である。当時SFは、「擬似科学」とか「人工甘味料まがいの〝小説〟代用品」と悪意の批評の対象だったという。そのなかで、「日本の文学が正面切ってあつかった事のない、『人類』や『文明』『地球』といった題材を、シリアスな形であつかえる文学」としてのSFを書きたいと考えた著者は、この年、『SFマガジン』からの書き下ろしの依頼に対し、「核戦争以外の破局テーマ」として細菌戦を考え、題名を「復活の日」ときめたという。

　南極観測、宇宙開発、生命科学などの最先端科学が絡み、宇宙起源と思われる微生物の感染によって世界各国で多くの死者が出るという人類の終わりを思わせる物語だ。そのなか

での日本の部分を読み直し、今、問題になっている鳥インフルエンザについて考えさせられた(二〇〇八年は鳥インフルエンザだったが、今はもちろんコロナなど人間に感染するウイルスについて考えずにはいられない)。

東京環状線の通勤時間帯の電車が空いているというところから話は始まる。〝チベットかぜ〟が流行し、罹患率七〇%、死亡率二五%となる。〝たかがカゼじゃないの!〟と思っているうちに、その「たかが」が「まさか」になっていくのだ。もちろんWHOも国も対策に懸命になるが、結局この国から人は消える。

ウイルスの恐さは、「たかが」「まさか」にならないようにすることを常に求めているところだ。人類、文明、地球に正面から向き合おうとする著者の姿勢とそれを支える知識・構想力が、四〇年以上経った今も——というより今になってさらに意味を持つ作品を生み出したのである。

次に書かれた『日本沈没』は、南海トラフという言葉が皆の頭のなかに入りこんでいる今を考えさせる。今回刊行された『地球を考える』は、『復活』と『沈没』という二つの作品の間に行なわれた対談を集めたものである。竹内均、樋口敬二、吉良竜夫、渡辺格、上山春平、吉田夏彦、坂井利之、大来佐武郎、武者小路公秀、貝塚茂樹、会田雄次、梅棹忠夫と多方面にわたる、学問的にも人間的にも優れた方との対談の狙いを著者は次のように言う。

「現代の社会に生きる私たちは、環境のいたる所から、ヒト集団全体の行動の抑制的調整がきわめて近い将来においてさしせまって必要になる、という無数のサインをうけとりつつある」。それにこたえるには、「直面しつつある問題を――たとえごく大雑把であろうとも総合的に見とおせるような〝地図〟あるいは〝造図〟が必要になってくる」。よくものが見えていた人であり、その実態を学問を通して総合的に見ようという意欲に充ちていた人であることがわかる。今も必要なことである。

ここで対談を終えた後「総合地図のラフスケッチ」を求めたのだがラフすぎて地図の態をなすところまで行かなかったと素直に反省している。しかし一方で、ここから人類と地球についての「新しいイメージ」を感じとって欲しいとの願いも述べている。この認識もすばらしい。総合地図はますます必要になっているし、学問は進んだのだから、より明確な地図が書けると思いたいのだが、そうは言い切れない。人間も地球も手強い相手だからである。しかも、地球環境問題という形で課題は現実的になっており、政治・経済のなかで語らざるを得ないために答えを探すのはより難しくなっているのだ。

興味深いエピソードを一つ。『日本沈没』のための取材中、異常気象が浮かび上がり、それをまとめて出版しているのだが、この時の異常は寒冷化なのだ。地球そのものは今寒冷化の時期に入っているからである。とにかく、複雑な自然や社会について考えることの重要性と楽しさを教えてくれる全集である。全部とは言わないが、関心のある所をのぞいてみることをおすすめする。

（城西国際大学出版会・既刊八巻）

［二〇〇八年四月十三日］

やわらぐ、なごむ、あえる……

長谷川櫂『和の思想——日本人の創造力』

本書の前身である『和の思想——異質のものを共存させる力』を読んだ時の爽快感を忘れることができない。日本人がこれからやるべきことが見えたと思ったのだ。本棚の大切な本コーナーに置き、時々取り出してきた。

今回改訂されて「日本人の創造力」という、より明快で魅力的な副題を付して出された本書では、著者自身がはっきりと「日本人が長年培ってきた和の創造力がいよいよ必要とされているのではないか」と書いている。改めて読み、「その通りです」と言いながら本を閉じたところだが、これで終わっては意味がない。創造といっても少しも大げさなことではなく暮らし方のことなのであり、読者の一人一人がそれぞれの生活の場で、本書で語られている「和」を意識すると思いがけない発見があるに違いないからである。

　気をつけておかなければならないことがある。「和」という言葉が、本書にある本来の意味とは異なる意味をもたされ、不幸な運命を背負ってきた歴史があることだ。「和」と聞いたとたんに仲間内の馴れ合いを思い浮かべ、「和などと言って何でもなあなあで済ませようとするから、日本人は国際社会で活躍できないのだ」と怒り出す人が少なくないのではなかろうか。どこでどのようにしてそうなってしまったのかは知らないが、これは違う。まずこれを明確にしておこう。

　次に登場するのが、明治時代の西洋化以前をさす言葉としての「和」である。和室、和服に対して洋室、洋服と言われればイメージははっきりしている。しかし和菓子となるとどうだろう。「カステラや金平糖は和菓子なのか」。この問いへの答えはイエスであり、理由は「江戸時代の終わりまでに日本で完成し

ていたお菓子」だから、となる。ここでなるほどと思うと同時に、あまりにも便宜的なのが気になる。

ここでの和にはもちろん日本という意味がこめられているわけだが、それは西洋に席巻される以前へのはかない郷愁であり、前向きでない。たとえば室町時代に南蛮貿易で外来品が入ってきたときには、誰も日本の品を和とは呼ばなかった。そこに日本という揺るがぬ軸があったからだ。明治のときは、入ってくる西洋文明に近代科学と産業技術という強力な内容があり、日本ではそれに匹敵するものが生まれていなかったことを卑下せざるを得なかったのだろう。著者はそう指摘する。

これまで述べてきた「和」はいずれもなんとなくマイナスのイメージにつながる。本来の和はそうではないのだ。ここで、著者が日本人の生活・文化をさかのぼり発見した本来の和に目を向けよう。島国である我が国には、古来、外からさまざまな文化が入ってきた。「海を越えてこの国にたどり着く外来文化を日本の文化に作り変える巨大な坩堝のような創造的運動体そのものが和なのではないか」。「運動体そのもの」とはなんとダイナミックな見方だろう。

和は、「平和」という言葉に象徴されるように、対立し相容れないものをも和解させ、調和させることであり、当然争いや戦いからは遠いものだ。日本人が自分たちを「和」と呼び始めた時には、心のなかにそれを願う気持ちがあったに違いない。少なくとも理想像として。

しかし、そのような生き方を選ぶということは「巨大な坩堝のような創造的運動体」としてあることなのだ。それだけのエネルギーがなければ、和解調和という形で新しいものを生み出すことはできない。それは、争い以上に大きなエネルギー、つまり意志と行動力を必要とするのである。

これから「和」という言葉を聞く毎に、使う度に、これは決して静的なものではなくダイナミックな運動であることを意識しよう。そしてこれが私たち日本人の得意とするところなのだということを誇りとして、新しいものを生み出すことを楽しもう。

なんだか気分が高まってきた。平和などと言おうものならボケたことを言うなと非難されるのがオチという現状に対して、日本人はそもそも和の創造力をもっているのだという自信に裏付けられた努力をしよう。ロシアのウクライナ侵略が続く現状のなかで、日本人である私ができることを探す気持ちになっている。

明治の時代に西洋から入ってきた科学技術文明は、以来一五〇年ほどの間、優位を保ってきたが、今や二酸化炭素の大量排出による地球温暖化で異常気象を引き起こすなど、人類の未来を揺るがしかねないところにある。明らかに見直しが必要な時が来ている。ここでこそ、卑下しながら用いていたのとは違う創造的な「和」を活かせるはずだ。その道を探り、他国の人にも「和」が持つ可能性を伝えていく必要がある。

著者が、通常用いられている「和」に捉われずに歴史を追っているうちに「運動体」であることがわかってきたように、ある事柄の本質を探っていくと動きが見えてくるものなのである。生きものの研究を仕事としている私は、まさに西洋文明がもたらした科学が生きものを「モノ」として捉えているがゆえに本質が見えにくいことに気づいた。生きものとは文字通り生きるものであり、生きるとは時間を紡ぐことである。そして、そこから生じる関係のなかに存在するものである。それなのに、科学は時間と関係を切り捨てているのだ。科学に新しい視点を加えなければ、本質は見えない。そう考えて、常に時間と関係を意識しながら生きものと向き合うために考え出した一つが、「動詞で考える」という方法である。

たとえば和は「やわらぐ」「なごむ」「あえる」であり、音を聞くだけで穏やかになるのは、もちろん私が日本人だからだろう。なかでも思いが広がるのが「あえる」である。白和え、胡麻和えなど、食卓に一品添えられていると嬉しい。ほうれん草と人参をお豆腐と胡麻で和えるなどの定番の他、思いがけないものの組み合わせで渾然一体となりながら口に入れるとそれぞれの味がする。

ここで、サラダを思い浮かべて欲しい。キュウリ、トマト、レタスとさまざまな野菜が入っているが、キュウリはキュウリ、トマトはトマトとして口に入れる。一体にはならないのだ。さまざまな人々が共存するニューヨークをサラダボウルに喩えて語ることがあったが、この場合の内容物はそれぞれが独立して存在している。和え物の場合、混じり合いながら、しかしそれぞれはそれぞれの味をもっているのであり、個性あるものがうち溶け合って一つになる点ではこちらの方が一段進んでいる。

さまざまな人々が暮らす地球という場で、異なる特徴を持つ存在でありながら一体感をもって生きていく姿は、和え物に喩えられるのではなかろうか。このような日常のなかに考えるヒントが見つかると楽しい。「和」と漢字で書いただけでは見えてこない和の本質が、やまと言葉の動詞で明らかになってくるのであり、ここは日本人の感性を活かすところではないだろうか。

やまと言葉も含め、「和の思想」にとって鍵の役割をする事柄を本書のなかで辿っていくと、自然との関わりのなかで生まれてくる生活・文化が見えてくる。著者が注目した視点の一つが『徒然草』の「家の作り様は、夏を旨とすべし」である。日本で快適に暮らそうとしたら、夏の暑苦しさを何とかせねばならないと言うのはその通りだ。吉田兼好は家の造り方の工夫を数々示し、「造作は、用無き所を作りたる、見るも面白く、万の用にも立ちて良し」と締めている。『徒然草』のなかでも有名なところだが、和との関連で指摘されると「用無き所が万の用に立つ。しかもそれが面白い」という言葉のなんと魅力的なことかと改めて感心する。

「用無き所」とは「間《ま》」である。著者は、異質なもの同士が共存し調和する和の誕生には「間」が不可欠であると指摘する。狭い所に一緒に入れられたら我慢ならないが、ちょっと間があればなんとかできるというわけだ。暑苦しさという面倒な環境が、日本人の考え方に自ずと「間」を取り入れさせ、それが「和」に活かせるのだという指摘には説得力がある。暑苦しさは勘弁して欲しいと思いながらも、手に入れた「和」の感覚は大事にしたい。

グローバルと言われる現代社会で「和」の成立、つまり対立し、相容れないものを和解させ、調和させて共存する状態にすることを求めたら、方法として浮かび上がるのは話し合いだろう。言葉を尽くしての話し合いは大切だ。しかし、これまでの体験からは、結局、力のある方が相手を説得して納まることが多い。このような関係では、話し合いなど面倒だと、力で相手を抑えこむことになりかねない。和のもつ「なごやか」や「やわらぐ」とはまったく異なる方向へ動いてしまう。

日本としては、力関係での勝負で苦労するより、「間」の文化を広める方がよいのではないか。

本書を読んでの思いである。ここでまた、生きものを思い出す。数千万種もいるとされる地球上の生きものはすべてゲノム（DNA）をもつ細胞でできている。ゲノムを分析したところ、ヒトという生きものを成り立たせる機能をもつタンパク質などの構造をきめる部分、つまり厳密な意味での遺伝子と呼ばれる部分は、全体の一・五パーセントしかないことがわかった。このときは、研究者が皆驚いた。

最初ははたらきのわからない部分を「ジャンクDNA」、まさに無用と名づけたのだが研究が進むにつれて、複雑な生き方を支えているのがこの部分であることがわかってきた。生物学の詳細を語ることは避けたいが、一つだけ数字をあげる。細胞一個で生きている大腸菌の遺伝子数が約四三〇〇、ヒトでは約二万一〇〇〇だ。一方ゲノム（DNA）の塩基数はそれぞれ四六〇万と三〇億である。

つまりDNA量ではヒトは大腸菌の七〇〇倍近くにもなるのに、遺伝子数は五倍にしかならない。複雑になり、さまざまな機能をもつようになったのは、明確な部品を増やしたのではなく、間《ま》とも言える部分によって、限られた数の部品をはたらかせる方法を工夫してきたのだ。機械とは違う生きものの面白さはここにある。まさに「用無き所を作りたる、見るも面白く、万の用にも立ちて良し」だ。

「和の思想」は、生命誌で考えている「生きものらしく生きよう」というところにつながる。日本の風土は、自然のなかに入りこみ、生きものの感覚をもって生きる生活を支えてきた。本書の著者が現代社会を象徴する東京という都市での仕事の疲れを休めるために訪れる伊豆の和風旅館は、まさにそのような場である。

そこで過ごすと「日常にリズムが生まれ」、「さらにいいことに俳句ができる」とある。「俳句は間《ま》の文学である」と著者は言う。そして「俳句以上に間《ま》を活用し、間《ま》の恩恵に浴しているのは連句」だと解説する。文学は言葉の芸術であり、現代社会では言葉は発せられてこそ意味があるとされる。そこに「間《ま》」が登場するのだ。

古池や蛙飛こむ水のおと

「や」という一文字が「間《ま》」を生み、現実とこころの世界を結ぶというみごとさに感嘆する。これが連句になると、複数の人の読む句の間《あいだ》にも大きな意味が生まれる。言葉を読みとることは大事だが、「言葉のまわりには言葉よりはるかに雄弁な間《ま》が広がっている」のであり、それを読み解くところに知的でなお心を動かす楽しみがあると教えられる。近年俳句は世界に広がっている。短詩型としての関心を越えて「間《ま》」の重要性や面白さを共有できるようになって欲しい。「間《ま》」が言葉以上のはたらきをするには、共有の場の成立が不可欠ということも含めて、俳句が「和の思想」の広がりを生むことを期待したい。

「間《ま》」との関わりでもう一つ重要なのが「取り合わせ」だ。連句も俳句もこれを競っているのではないだろうか。思いがけないもの、異質なものを取り合わせることでいかに世界を広げてみせるか。うまく行った時の得意顔まで見えるようだ。

ここでまた生きものを持ち出すことをお許しいただきたい。先ほど、大腸菌と人間を比べたが、人間のような複雑な生きものも始まりは大腸菌と同じ一個の細胞であり、そこから進化してきたことがわかっている。その進化の過程がまさに「取り合わせ」なのだ。この生きものをつくるためにはこの部品が必要とか、この機能をもたせるためにこの部品を組み合わせようとか、機械の設計のような発想は皆無である。とりあえずそこにあるものを使ってなんとかする。

思いがけない「取り合わせ」でみごとな機能が生まれることも少なくない。ブリコラージュなのである。合理主義者から見ればなんともいい加減に見えるだろうが、本書が示す「和の思想」につながるところに注目したい。ここまで勝手な読み方をしてきたが、どうも「生きものとして生きる」のは悪くなさそうだ。なんだか自信が生まれ、自分でも和を活かす暮らし方を工夫しようと、積極的になっている。

ここで著者からのもう一押しがある。日本はそもそも山と海、松と桜、太陽と月だけの空っぽの空間だったというところから始めようというのだ。そこに海を渡ってくる文化を受け入れて「蒸し暑い国にふさわしい文化に作り変えてきた」のがこの国であり、「この和の創造力こそ、日本独自と誇れる唯一のもの」というのである。ほんの少しだが、蒸し暑さに感謝してもよいかなとさえ思えてきた。

日本にふさわしい作り変えの最たるものが漢字から生まれたひらがな、カタカナではなかろうか。今も万葉仮名が使われていたら暑苦しい。ひらがな、カタカナが生まれてよかった。しかも漢字を捨てずに「漢字仮名交じり文」を生み出したのは、まさに和の創造力だ。これほどみごとに大量の情報を伝え、しかも芸術にもつながる表現は他にないのではないかといつも感謝している。

地球温暖化で蒸し暑さはますます増すのではないかと心配だ。創造力を刺激する程度の蒸し暑さに止まることを願いながら、筆を措く。

（岩波現代文庫）

［二〇二二年七月　長谷川櫂『和の思想』解説］

文明の対話から「通底」を見出す

服部英二『転生する文明』

ユネスコ本部で「シルクロード・対話の道総合調査」を企画・実施した著者が一〇〇以上の国や地域にあるさまざまな文明の記録の現場を訪れての実感から生まれた「文明誌」である。「世界の文明は絶えず旅をし伝播と収斂《しゅうれん》によって対話している」ことが示される。読むうちに、エッフェル塔、パルテノン神殿、オベリスクがピラミッドにつながり、エデンの園であるタージ・マハールの庭園がヴェルサイユ庭園につながっていく過程を追う旅人の気持ちになってくる。

日本人としてとくに興味深いのは、大乗仏教が伝わる海のシルクロードである。ボロブドゥール遺跡が立体マンダラであり、それが高野山につながるのだが、あまりにも完成されたものであったがゆえに、今につながっていないという人間の弱さの指摘も心に沁みる。

そのような形で文明が日本へと旅してきたということは、そこに人の流れが存在したということである。日本列島にただ一度、人が移り住んだということは考えられず、さまざまな道を通り、さまざまな文明が人を通して渡ってきただろう。今、日本列島に暮らす日本人は、多様な人々の混じり合ったものである。

その人々がお互いになじみながら、一つにまとまっていった過程に何があったかについて、著者は「やまとことば」をあげる。フランスに長く暮らした著者は「母音が絶妙なリズムを奏でるこの言葉は、海と山が育てた緑滴るこの島の大地から湧き出たような言葉」と感じ、限りなく澄明であると言う。自然との関わりのなかで生まれた言葉の大切さを思う著者は、アイヌや沖縄の言葉にも同じ基調のあることを感じているはずだ。いずれにしても、言葉の歴史をよく知り、その大切さを忘れないことは、今とても大事であることは確かだ。

善きものを求めての旅、分かち合いの心、一国主義でない国際的行為がシルクロード交易の特徴だ、と著者は言い、「通底」という言葉で、文明の底に通じるものを示す。著者が見出した文明の旅の様子を見ていくと、それは他者との出会いによって新しいものを生み出していく過程であり、まさに生きもののように見えてくる。

ここで著者は、題名にもなっている「転生」と対になる言葉として「通底」を探し出したのである。これはまさに、生きものが多様化の途を辿りながらゲノムのもつ基本はまったく変えずに進化してきたプロセスと、ピタリと重なる。

生きものを知るには、ゲノムを通して進化を追っていく生命誌の視点が必要と考えた私としては、著者がここで「文明誌」という言葉を用いていることに注目したい。文明もまた生きものの星地球で、生きものとしての人間が生み出したものとして捉え、そこに通底するものを重視することで続いていくのではないだろうか。

今、現代文明が滅亡への道を歩み始めていないかという懸念があるのは、文明をここに描き出されたような形で捉えず、対話よりも衝突するものとして見ているからではないかと思える。

本書の特徴は、著者がさまざまな文明のなかにいる、さまざまな専門をもった人々とともに現地を訪れての実感で書かれていることである。実物を見て、現地の人の話を聞いての発見が示される。その面白さを楽しむにとどまらず、そこで示された素材から自分で文明のありようを考えることができるのがよい。

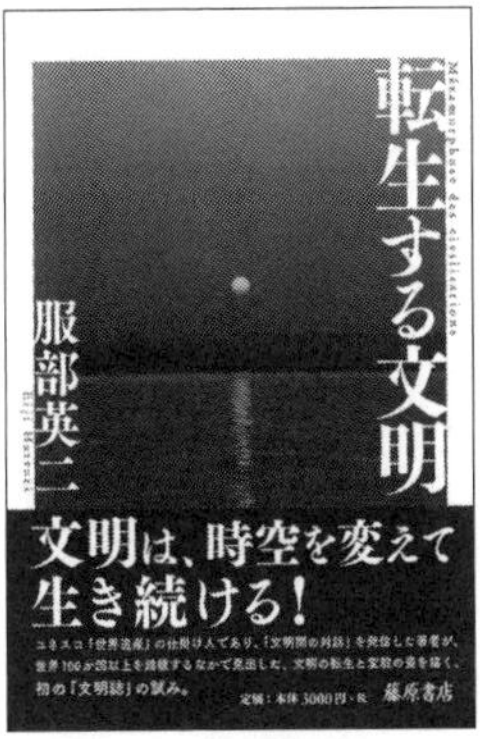
転生する文明
服部英二
文明は、時空を変えて
生き続ける！
藤原書店

現代文明もここで示されたような対話が生んだものなのである。今私たちは文明国と言いながら、その心をもっているだろうか。読み終えて残る問いである。

（藤原書店）

［二〇一九年六月十六日］

生命体の多元的世界こそが現実

西田洋平

『人間非機械論——サイバネティクスが開く未来』

チャットGPT（生成AI）の活躍もあり、AIが人間を超えるという言葉が現実味を帯びて語られ始めた。人間を生きものと考えている者として、心のなかで人間は機械ではないと叫び、人間とAIの比較自体がおかしいと思ってはいる。ただディープラーニングなどによって、情報処理の点で両者が同じに見え始めていることも確かである。認知科学でも「精神の機械化」が進み、人間を機械と見るようになっている。これを導いたのが一九四〇年代に生まれた「サイバネティクス*」である。

*通信と制御に関わることを、生体においても機械においても総合的に扱う考え方。

この学問の発案者代表がN・ウィーナーだ。フィードバックというメカニズムがあれば、目的論的行動を機械論で扱える、と言ったのである。それを受けて、神経生理学者のW・マカロックが神経のはたらきは機械として理解でき、そのような機械をつくれば神秘の感覚は消えると言った。その後、この考え方を具体化したJ・フォン・ノイマンのデジタル・コンピュータが生まれ、「精神の働きはコンピュータにおける情報処理と同じ」という「コンピューティング・パラダイム」が現実化し、人間と機械を同一システムとみなす流れができた。

だが、ここでおみごとと納得してはいけない。本論はここからである。「サイバネティクス*」の発案者であるウィーナーは世界に不確かさを見ており、「一元的な神の視点から俯瞰《ふかん》的に描写される世界ではなく（中略）、生き延びるための視点からみた個々の生命体の多元的世界」こそ現実と捉えたのである。そこでウィーナーは、主流とは異なるパラダイムを求めた。これが本書のタイトル「人間非機械論」につながるもう一つのサイバネティクスを生んだのである。こちらこそが本質であると考える著者は、これに「サイバネティック・パラダイム」という名を与える。私もウィーナーや著者と世界観を共有し、この流れに期待をしている。

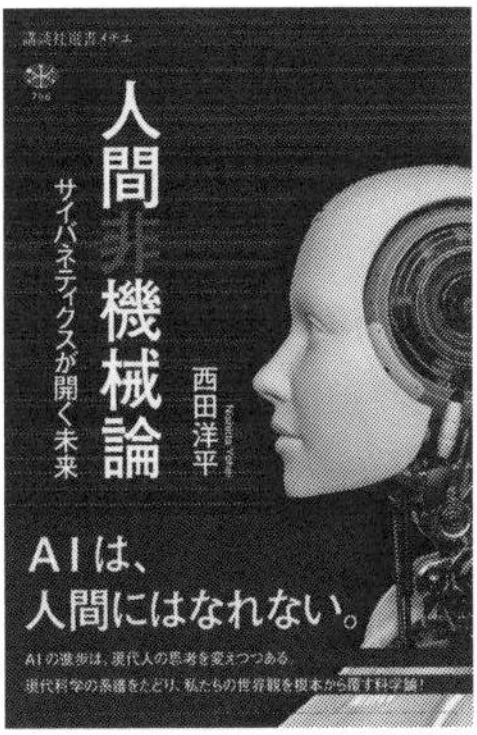

情報科学のしろうとにとっては面倒なパラダイムであり、途中で放り出したくもなったのだが、人間機械論だけで生成AIだメタバースだという声が大きくなるのは問題だとの思いに支えられて、一つ一つの言葉をていねいに追っていった。

一元的世界論での観察者は真理が独立して存在すると信じるが、多元的世界では、個々の観察がいかになされているかを知らなければならない。つまり観察の観察が必要となる。これまでのサイバネティクスがファースト・オーダーの観察だけですませていたのに対し、セカンド・オーダーの観察もしなければならないのだ。

そのためには観察者、つまり我々人間自身を知り、それについて語らなければならない。人間を含む生命体はオートポイエーシスという自律システムをもち、それぞれが唯一無二の存在としてアイデンティティーを持つところに特徴がある。私たちは、自律的に世界を認知しており、世界はここからつくられているのである。このような見方を「構成主義」と呼ぶ。

セカンド・オーダー・サイバネティクス、オートポイエーシス、構成主義の三つの考え方でできている新しいサイバネティクスに合う機械は存在しない。つまりここでは、「人間と機械は明確に区別される」のである。学問として難しい内容を含んでいるけれど、そこから出てくる結論は日常感覚と重なる。それを支える理論が着実に生まれていることを知ってホッとしている。

著者は、このサイバネティクスに呼応して、情報は生命システムと不可分であり、本来「意味」をもつものとして捉えるものだという生命論的「情報学」を創り出そうとしている研究者の一人である。ここから描き出される、構成主義に基づく教育など、機械論とは異なる未来が見えてとても興味深い。「人間は機械ではない」と言いながら本を閉じた。

（講談社選書メチエ）

［二〇二三年七月二十九日］

生き物すべてにあるに違いない哲学教室

ドリアン助川『動物哲学物語　確かなリスの不確かさ』

二十一話からなる動物哲学物語である。ツキノワグマ、ニホンザル、ニホンジカ、コウモリ、ザトウクジラ、モグラ、アホウドリ、ナマケモノ、アルマジロ、オオアリクイ、カピバラ、イグアナ、コウテイペンギン、ガビチョウなど主人公（動物）は多彩だ。

タイトルになっているリスの話を見よう。リスのQ青年は、雑木林で一つ一つのどんぐりが落ちる場所は不確かなのに、総体ではクヌギの木を囲む円のなかに落ちる確かさがあることに気づく。またクヌギの芽は自分がどんぐりを埋めたところだけに出てくるという植物と動物の関係にも気づき、自然界には「根源的な力によってつくられた法則」があることに驚くのだ。僕が「ここに在る」のもその確かさの結果である。そう考えながらも、今、Q青年にとって大事なのは、恋するリスに逢《あ》うことなのだ。それにはクヌギ林を抜けて野原を突っ切らなければならない。Q青年が走ると相手のリスも向こう側から駆けてきた。そこにオオタカが現れたのだ。彼女が狙われる。咄嗟《とっさ》にQ青年は彼女にクヌギ林に駆けこめと命じて、自分は野原を懸命に駆けた。そしてオオタカの爪が背中に食いこむ直前に思った。「ボクらリス族が生き延びるのは確かなことだ。それは、この世の根源の力の、確かな意志だからだ！」。確かなリスの不確かさである。

SDGsの影響もあって、近年、生物多様性への関心は高まっており、森林破壊で絶滅に追いやられる種、外来種の持ちこみによる地域の自然生態系の破壊など、多くの問題が指摘されている。しかし、多様性という言葉で考えているだけでは、問題の本質は見えてこない。生きものそれぞれに目を向け、さらには一つ一つの個体が懸命に生きていることを知ることで初めて多様性の意味が見え、多様な種の一つである人間の生き方が見えてくるのである。実はQ青年はタイワンリスであり、農作物に害を及ぼすことから二〇〇五年に特定外来生物として害獣指定されている。「ここに在る」ことへの問いは、一層深刻というわけだ。

もう一つ、「キツネのお姉さん」を紹介しよう。キツネには前年生まれのメスが子育てを手伝うという習性がある。野鳥のヒナなどを捕って幼い弟妹たちに食べさせることを喜びとしているお姉さんの心配は、額に小さな黒点があるのでそのまま「黒点」と呼ぶ弟が弱虫で、兄弟たちの食べる輪に入れないことだ。夜は抱いて眠るようになり、お姉さんの柔らかな毛に顔をうずめた黒点が出すかすかな声に応えるのだった。こうして二つの命が響き合い、「間柄」が生まれた。

そしてある日、黒点のために養鶏場のニワトリを捕りに行ったお姉さんは、トラバサミにつかまってしまう。雪が降り始めた。なんとかして抜け出したが後ろ脚の先は欠け、三本脚でやっと戻ってきた巣穴のそばにあったのは小さな亡骸《なきがら》だった。亡骸をお腹《なか》にくるみ、遠のいていく意識のなかでお姉さんは思った。「黒点よ。わたしはお前とだけつながっていたのではなかったのだね。今、雪が覆っているこの河川敷とも。あのヒナたちとさえ……」。

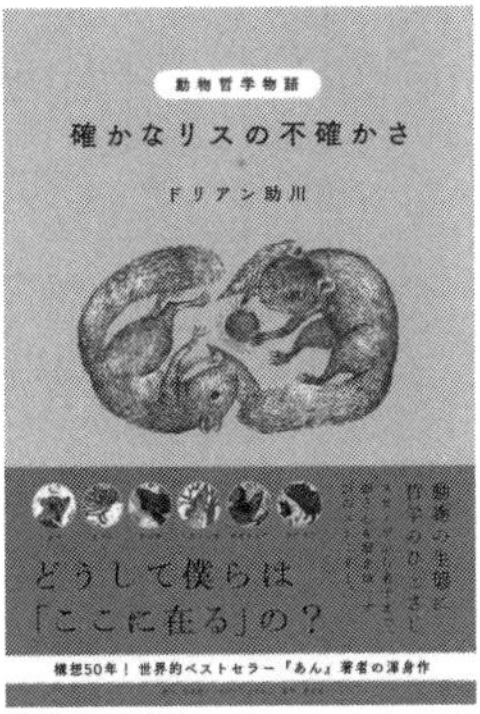

動物たちについての深い知識と愛情とがないまぜになった、

柔らかで美しくユーモアのある文からは、彼らの声がそのまま聞こえてくる。隣で読んでいる長女の「なぜ、どのお話もこんなに哀《かな》しいのかしら」というつぶやきに、「生きてるからじゃない」と答えながら、著者にお礼を言っていた。常に真剣に考え、時に悩みながら誠実に生きている動物の声を、ヒトという仲間としてていねいに聞きとって下さってありがとうございますと。

二十一話（あとがきに代えて）でガビチョウが、「みんな森をもっているんだ。そこには形のない木の実が落ちている。でも、木の実から芽が出ると、物語のなかで夢見るシカになったり（中略）するんだ」と言う。著者は、森の神様に言葉を下さるようにお願いをし、森にある形のない木の実、つまり哲学から、みごとな物語を紡ぎ出したのである。

誰もが森とそこにある形のない木の実をもっているのに、ほとんどの人がそれに気づかずにいるのが現代社会だ。哲学に充《み》ちている動物界の一員のはずなのに、それにソッポを向き、お金という虚構に振り回され、それを得ることで手にした権力を振り回し、遂《つい》にはミサイルやドローンで子どもたちの命を奪っているのはなぜなのだろう。一番の謎である。

随所にスピノザ、老子、般若心経、和辻哲郎などの名前が見えるのでわかるように、哲学書から学ぶことの重要さは本書でも示されてはいる。けれど、今、大事なのは、一つの動物として森を思い出し、自分の木の実を探し出すことだろう。動物仲間と話し合うことで、生きものから外れてしまった歩みを元に戻したら、生きやすい日常が見えてくるはずだ。
実は、植物や昆虫や魚……いやバクテリアだって哲学物語をもっているに違いなく、それも聞いてみたくなった。イグアナが言う。「わしらはわしらを超えていくことで、本当のわしらになるのじゃよ」と。

（集英社インターナショナル）

［二〇二四年二月七日］

9　戦争は日常を奪う「最大の環境破壊」

このような形で戦争が身近になる日が来るとは思っていなかった。タモリさんが今を「新しい戦争前の状態」と表現されたとのことだが、みごとに言い当てている。日本原水爆被害者団体協議会が二〇二四年度のノーベル平和賞を受賞したのはすばらしいが、なぜここで賞委員会がこのような選択をしたのかと考えると、世界情勢の不安定さが見えてくる。

授賞理由は、「被団協は核兵器のない世界を実現するための努力と核兵器が二度と使用されてはならないことを証言によって示してきた」「核兵器の使用は道徳的に容認できないという国際規範の確立に多大な貢献をした」とある。

人間として当然の考えを示しているのに、それが国際社会のなかで力をもたないという不可思議な状態が長い間続いてきたことは大きな問題だ。しかし、核が現実に使用されることはなかろうという暗黙の理解のなかでそれは続けられたのだ。

だが、それもあやしいのではないか。そんな雰囲気になっているところでのノーベル賞である。世界がとても不安定になっていることを示している。

私の戦争は日常を奪うものとして記憶されている。太平洋戦争の終わった一九四五年八月十五日、多くの人は正午の天皇陛下のお言葉で敗戦を知ったと言う。私の場合、その記憶がない。その日の夕飯時に、それまでの灯火管制下、外に灯りがもれぬように被せてあった黒い布を父がはずしたとき、戦争がなくなったんだと思ったのである。食卓の上にあったのは、その前日と変わらぬ芋ご飯だったが、それがとても美味しそうに見えた。普通の暮らし方ができる喜びを味わった。戦争は大切な日常を奪うのである。

戦争を巡るいくつかの書物はどれも、人間は生きものという生命誌の立場で読んで行くと、考えさせられたものばかりである。

密室でも、空気は清らかだった

鈴木昭典『日本国憲法を生んだ密室の九日間』

世の中が急に変わり、社会のありようを根本から考えなければならない時。国際社会のなかでの自国の位置づけを適確に認識して態度を明確にしなければならない時。私たちの価値観はこういうものであり、このように行動するつもりですということを明言すべき時。

今の日本はこのような状況下にあると思うのだが、よく考えて体系的な対処をしようという様子が見えない。どうなってしまうのだろう。不安を感じていた時にこの本を手にした。

今から五〇年前。まさに社会が急転するなかで、自分たちの生き方を決め、それを国際社会に対して表明しなければならなかった時に何が起きたか。歴史としての興味ももちろんだが、どうしても、今の日本に引きつけざるを得ない事柄がそこここに出て来て考えさせられる。

扱われているのは、一九四六年二月四日から十二日までの九日間である。前年八月に無条件降伏をし、占領下の日本政府が提出することになっていた新憲法の案について連合国側と日本側が会談をもつ日と決められていたのが二月十二日だった。ところが、二月一日に毎日新聞が政府試案をスクープしたのである。それは、天皇の統治権は不変という考え方など連合国側としては受け入れ不可能と思われる内容のものだった。そこで、連合国軍総司令部最高司令官マッカーサーは、日本案に訂正を入れるより自ら案を作った方がよいと判断し、急遽、民政局のメンバー二五人にそれを命令した。

民政局員には、法律・経済・医学などの専門家、ジャーナリストとしての経歴をもつ人などさまざまな人がいたが、そのときの職業は軍人である。憲法案作成が自分たちの職務だ

ろうかという疑問もあったが、マッカーサーの命令は天の声（司令部に勤務していても、マッカーサーの声を直接聞いたり会ったりすることなどまったくない雲の上の人だったらしい）なのである。やるっきゃない。

最高司令官が示した原則は三つあった。天皇を国のヘッドとする、戦争放棄、封建制度廃止である。

民政局長の下に運営委員会、その下に立法権、行政権、人権、司法権、地方行政、天皇・条約・授権規定、財政の七つの小委員会がつくられた。総勢二五人が適所と思われる分担をする組織ができたのが命令が下った日の深夜だったという。

まず、日本国憲法を作成するのだから、構成は明治憲法に従うこと、世界の国々の感情を忖度しポツダム宣言と国際条約の原則の上に立つこと、という基本二つを決めた。いくつかの国の憲法も参考にしながら、短期間のうちに内容をつめていく様子は、緊迫感に満ちている。

本書は、その仕事をした人々に対して行なわれたていねいなインタビュー資料を元にして書かれているので、各人の個性が出ており興味深い。ここではそのなかの一人ベアテ・シロタ嬢を紹介する。父親であるロシア系ユダヤ人のピアニスト、レオ・シロタが東京音楽学校の教授だったことから五歳から十五歳までを日本で過ごし、当時二十二歳だった。人権委員会のメンバーとしては、とくに女性の権利の部分で大きな役割を果たした。彼女の案はかなり変更され、くやしくて涙を流したとのことだ。それでももし彼女がいなければ男女平等の感覚はより後退していただろうと思うと、たまたまそこにベアテ・シロタがいてくれたことに感謝しなければならない。

確かに自国の憲法が自らが作成したものでないということは、心のどこかにひっかかるものがある。しかし、この九日間が、密室ではあっても、とても清らかな空気に満ちていたことを知って、ある種の心地よさを感じた。そして、今、私たちが、憲法と自分の国の未来について、これだけの誠意と実行力を持って向き合っているだろうかと考えずにはいられなかった。憲法は、私たち一人一人が人間として思いきり生きることを保証する基本であり、そこに書かれている言葉の意味を自分で考えることを忘れてはいけない。

（創元社）

［一九九五年五月二十九日］

未来を奪われた眼が語る心の傷

大石芳野『子ども　戦世《いくさよ》のなかで』

生きものを研究していると、その複雑さに目眩のようなものを感じることがある。一筋縄ではいかない。美しいと思わせるかと思うといかにも汚ない部分を見せつけられることがある。人間も生きものであり、その複雑さのなかにある。このなかで何とか納得のいく生き方をしたいと考え続けても答えは出ないのだが、〝理不尽〟はダメという物指しはあると思っている。

〝理不尽〟の最たるものは、子どもの未来を奪うことであり、その最たるものが戦争だ。著者もおそらくこんな気持ちで、一九八〇年代から今日まで、戦いのなかにある子どもたちにカメラを向け続けてきたのだろう。ベトナム、カンボジア、ラオス、コソボ、アフガニスタン、チェルノブイリと並べていくと、二十世紀後半、地球上では戦争が絶えず続いていたことを改めて思い知らされる。それに終わりが来るかと期待した二十一世紀にも、まだそれが続いていることも。

ベトナムでの戦争は一九七五年に終わっているが、今の子どもたちのなかにもその影響で障害を抱える子がいるのだ。八二年に、いかにも弱そうな手足で抱っこされている二歳のバン君が、八八年の写真ではひたむきに字を書いている。立てるようになり、字が書けるまでになるほどの筋力がついたのだ。「よかったね」。この六年を思い、写真に向かって思わず声をかけた。

カンボジアでの写真は一九七五年から七九年まで続いたポル・ポト時代直後の一九八〇年に撮られたものである。「全土のどこででも、闇を見つめるような表情がそこここにある」「自分の内部に閉じこもったり過去に引き戻されたり、子どもの心の傷は深く生々しい」という文のついた子どもたちの眼が印象的だ。実は最初眼が恐いと書いた。でも恐いと言ってしまっては、この子たちの気持ちがわからなくなると思い、言葉を探したのだが見つからない。子どもというと、つい単純に見てしまうが、どう受け止めてよいのかわからない眼をしているのである。やはり、子どもには心のなかをすべて見せてくれる眼差しの方が似合っているし、そのような眼の子どもたちばかりの世界であって欲しい。

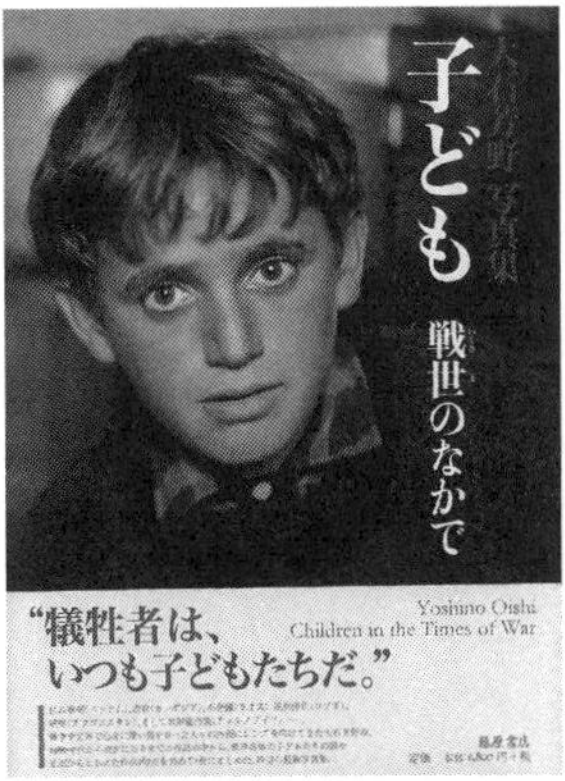

ラオスでの問題は不発弾だ。ボールやロウソク立てのよ

うに見える不発弾は玩具のようで面白そうなので投げて遊ぶと突然爆発するのである。最初、村の人々はそれを自然界に存在するものだと思い、〝ボンビー〟と呼んでいたのだそうだ。今ではそれが不発弾とわかって処理も始まり、届けるとお金になるので、子どもたちも探しているとのことである。なんともやるせない話だ。

アフガニスタンは、一九七九年のソ連軍侵攻以来、内戦を含めて常に戦争の状態にあると言ってもよい。バブル経済などと言って浮かれていた私たち日本人には想像もできない状態に子どもたちが置かれてきたのである。「父親をタリバンに殺され、さらにアメリカ軍の空爆で心に深い傷を受けた」レシャド君は大きなヘリコプターの絵を描く。「戦禍を生き抜いてきた子どもたちの強い精神力は、カンボジアの地獄を紙一重で生き残った姿とは違ったものを感じさせる」と著者は言う。強く装わないと生き残れないのだろう。つき合っていくと心の奥の悲しみが垣間見えるのだそうだ。

写真は必ずしもすべてを語るものではない。意図的ではなくとも、ある面を切り取るだけだ。子どもたちのなかには、違う眼もあるだろう。でも、このような眼をもつ子どもたちが世界のあちこちにいるという事実は、重く受け止めなければいけない。

生まれる場所は選べないのだから、すべての場所で子どもたちが理不尽な目に遭わないようにしなければならない。一六七点の写真のなかで子どもたちの眼が語っていることに耳をすませたい。著者は、最後に「希望」という章を置いてくれた。嬉しそうに学校へ行く子、自室でニッコリ笑う子。やはり子どもは希望でなくてはならないし、どんな時にも希望である。

（藤原書店）

［二〇〇五年十二月四日］

したたかな平和と教育の国作り

小出五郎

『戦争する国、平和する国
――ノーベル平和賞受賞者　現コスタリカ大統領オスカル・アリアス・サンチェス氏と語る』

「平和は平和的手段でのみ達成できるのです。平和的手段とは、対話、理解、寛容、自由、そして民主主義です。……中米の将来は中米の手にまかせて欲しい。……もし、自国の事情で武器の在庫を空にしなくてはならない場合であっても、少なくとも中米には関わらずに平和な状態にしておいて欲しい……」

コスタリカのオスカル・アリアス・サンチェス大統領の一九八七年ノーベル平和賞受賞記念演説の一部である。ここに本書のすべてがある。

中米と言えば、米ソの冷戦に振り回された政情不安定な地域という印象が強い。しかし、コスタリカは例外なのだ。一九四九年、大統領選挙の不正に端を発した革命のリーダーであったホセ・フォレーゲスが、内戦終了と共に革命軍を全廃し、最重要事項として教育をあげたのである。実際に非武装を掲げた憲法を制定し、今も教育に国家予算の二〇％を投じている。本書は、この流れをより強力にしたアリアス大統領へのインタビューをもとに書かれたものである。

著者が、「平和する」という言葉で表現しているように、平和であるためには戦略が必要である。この国には、平和という旗じるしと国際環境、国内環境を自国に有利な方向に導く具体策の実行がある。国際環境の方は、米州機構（アメリカ大陸の相互援助と集団的安全保障を定めた国際組織）と国連を活用する。

実際に、一九四八年と五五年に起きた隣国ニカラグアとの間の紛争は、米州機構での話し合いで解決している。米国の強い影響下にあり、その機嫌を損ねてはいけないことを充分承知し、親米政策をとりながら、冒頭にあげた演説をやってのけるしたたかさ。「その道は、もしかしたら戦争するよりも険しく、継続的な忍耐と努力が必要だ。生易しいことではない」と言葉を続ける。継続的な忍耐と努力という言葉のなかにはどれだけの苦労が入っていることだろう。しかしやり甲斐のある努力である。

　国内戦略はまず教育というのは当然と言えば当然だが、多くの国でこれができていない。著者が訪れた中学校は、トタン屋根の粗末な建屋だったそうだが、大事なのは内容だ。平和教育と言っても、とりたてて戦争の悲惨さを語るのではなく、あらゆる場面で、人間を大切にする精神を根づかせ、平和文化の構築という方法をとっているそうだ。それを支えるのが、「子どもの権利条約」と「国連平和大学」であると著者は分析する。ここで興味深かったのは、十七歳以下の子どもが投票日に投票するという話だ。選挙権はないので実効性はないが、結果は公表される。大人と違う結果が出たこともあるというのが興味深い。

　ところで、コスタリカで忘れてならないのは、生物多様性である。コーヒー、バナナ、牛肉の生産のために破壊された自然の多様性を守るために、「保全する」戦略が立てられ、これを「平和する」の基本に置いたのである。平和であるにはもちろん経済力も重要だ。そこで地元民を巻きこみ「環境と観光の共生」をめざすエコツアーを始めた。また、研究所を作り、有用植物や薬の開発による知的所有権で豊かになることを狙っている。生物多様性立国である。

世界のバイオテクノロジー事情に詳しい著者は、新しい技術の導入が国民全体を豊かにせず、貧富の差を生む危険性を心配している。それに対してアリアス氏は、即効性を求めず、とにかく教育から始めれば大丈夫だとどっしりと構えた姿勢を見せる。

若者へのメッセージを求めたところ、「腐敗のなかで最悪なのは、人々が聞きたがっていることを言うだけで、知る必要のあることを言わないことです」と若い頃共感した故ケネディ大統領の言葉を引用した。こんなリーダーが欲しいと思う。

（佼成出版社）

［二〇〇七年十一月四日］

なつかしい一冊

『動物会議』
エーリヒ・ケストナー作
ヴァルター・トリアー絵　池田香代子訳

太平洋戦争の敗戦の年には、私は小学校四年生だった。小学校が終わるまで疎開先で過ごすことになり、食べものだけでなく本にも飢える日が続いた。

東京へ戻ってからの手当たり次第の読書でエーリヒ・ケストナーに出会ったのは早くはない。背伸びをしていたので、子どもの本と思って眼《め》を向けなかったのかもしれない。その後、たまたま図書館で手にとった『ふたりのロッテ』と『動物会議』（一九六二年・高橋健二訳）に引きこまれ、以来ケストナーとあれば何でも読むことになった。

ナチスの迫害のあるなか、あくまでベルリンに残り自著が焼却されるのを見届けたというケストナーだ。敗戦という形で戦争が終わって文筆活動が可能になり、食べものもろくにないなかで最初に書いたのがこの本であると知ってちょっと胸が熱くなった。子どものために、子どもについて書かずにはいられない思いが体中につまっていたのだろう。まさにそのとき子どもであり、今大人になってそのことを知った者としては胸を熱くするほかない。

『動物会議』は、ライオンとゾウとキリンの一ぱい飲みながらの話から始まる。

「あきれたやつらだ！　人間ときたら気持ちよくくらせるのに！」

何でもできるのに、それでやることときたら「戦争さ！」。腹を立てるライオンに、ゾウは「ぼくはただ人間どもの子どもたちが気のどくなんだよ」と耳をたれる。

第二次大戦後すぐには決して戦争をするまいと誰もが思い、そのために国際機関をつくろうとした。けれどもまだ四年しかたっていないのに何だか戦争への動きがあり、会議をくり返すだけで結論を出さないのが大人たちなのだ。まさに子どもたちが気のどくである。

そこで、八七回目の大統領会議と同日に世界中の動物が最初で最後の会議のために集合し、人間に会議は止《や》めて子どもたちのための世界をつくる決議をせよと迫る。それでも動かない人間に業を煮やした動物は、すべての子どもを隠してしまう。そして、子どもを返して欲しければ動物たちのつくった約束を守るという署名をするよう迫る。

優柔不断の大人たちも、さすがに、動物の提案を受け入れざるをえず、署名をした。約束事は、まず国境は存在せず、戦争のない社会づくりをするというところから始まるのだが、その具体案が面白い。役所と役人と書類だんすを必要最小限度にする。弓と矢で武装した警察が科学と技術が平和に使われるよう監視する。いちばんよい待遇を受ける役人は教育者とする。教育の目的は悪いことをだらだら続ける心を許さないことだ。

今のお偉い大人たちに実行して欲しいことばかりだ。私が専門とする生命誌は人間が生きものであることを基本に置く社会づくりを考えているのだが、その原点ここにありだ。

とくに動物の、つまりケストナーの「子どもたちが気のどくだ」という言葉は、そのまま私のなかにある。今の社会をつくってきた当事者の一人として、気のどくだを超えて、「ごめんなさい。もう少しましな社会を渡すよう努めます」と詫《わ》びたい。動物たちに倣って条約をつくりたいとも思う。

基本を考えたいとき、読み返す本である。

（岩波書店）

［二〇二〇年八月八日］

難民救え、比類なきリーダーシップ

中村恵『難民に希望の光を　真の国際人緒方貞子の生き方』

ロシア軍のウクライナ侵攻により、多くの人がポーランドなどヨーロッパ諸国への避難を余儀なくされた。テレビの画面に映し出される疲れ切ったお年寄りやおびえる子どもの様子にやりきれない思いを抱きながら、本書を開いた。

緒方貞子（一九二七―二〇一九）は、一九九一年第八代国連難民高等弁務官に任命され、その後一〇年間みごとな活躍ぶりを見せた。国連難民高等弁務官事務所（UNHCR）に勤務していた著者は、スタッフとして共に働き、緒方の退官後はプライベート・アシスタントとして仕事を支えた。そこで「比類なきリーダー」であり「真の国際人」である緒方の生き方は「自分という存在を最大限に育て上げて生きるための指針になる」と考え本書を認《したた》めたのだ。同時にUNHCRを知ってほしいという願いもこめている。

緒方の着任直後にクルド難民危機、隣国ソマリアからの難民が流入したエチオピア危機、アルバニア難民のイタリア流入がばたばたと続いて起きた。「同じ週に三つもの新たな緊急事態が重なることなど、そうはないですよ」と言われた事態だ。イラクのフセイン政権に弾圧されてきたクルド人がイラン、トルコへ避難を始めたのだが、トルコが入国を拒否し、山岳地帯に法的に「難民」ではない一四〇万人が立ち往生することになったのである。

この時、緒方は、この人々を支援するという「前例にとらわれない決断」をする。「命を助けることが最優先です。国境に何の意味があるというのでしょうか」。その通りだ！　現場を知るスタッフと知恵を出し合い、赴任したばかりでわからないところは質問しながら臨機応変な組織を創り出す。緊急対応チームの新設、民間からの資金調達、『世界難民白書』の出版、資料のアーカイブ化などに精力的に取り組む様子を見て、スタッフのモラルが急速に向上した。

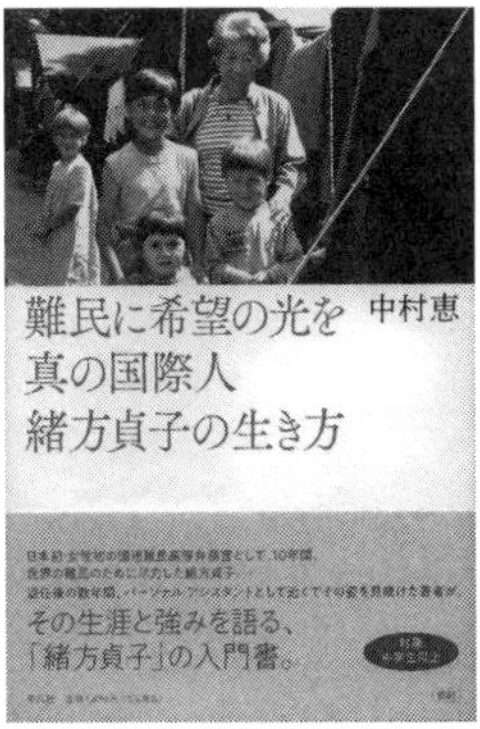

緒方は常に官僚主義にならず、自分の頭で考えることを求めた。これは就任まで上智大学教授であったという経歴にもよるだろう。もう一つは「メンツにこだわる男性よりも女性のほうが現実的であり、共通の利害を認識し、日々の暮しを支えるために共に働くことが、時間はかかっても少しずつ地域社会の和解へとつながる」という利点が生かされたと著者

は言う。これもその通り。今、最重要の能力である。

帰国後、独立行政法人国際協力機構（JICA）初代理事長に就任し、「開発のための機関に人道の空気を持ちこんだ」。

「大事なのは〝人びと〟です。国連の場合、国と国との話し合いがありますが、それだけではものは解決せず、国の中に人びとがいることを考えないとだめなのです。人びとを頭に置かないで、威張《いば》って国を運営できる時代ではないのです」。

緒方に大きな影響を与えたのは聖心女子大学の初代学長マザー・ブリットである。自立した人、知的な人、協力的な人であれという建学の精神を緒方は具現化した。本書は、体力抜群で楽天的であることなど、緒方個人としての魅力や恵まれた家庭環境などを余すところなく伝えており、そこから学ぶことも多い。

難民という難問を自分の課題として考えるときの案内人としての緒方から学ぶことは多い。

「いつもどこかで苦しんでいる人がいることを忘れずにいてほしい。そして地球上、ともに生きる人間としての連帯感をもちつづけてほしい」。実践者の言葉は重い。


（平凡社）

［二〇二二年三月二十六日］

おわりに――本から学んだことを生かして

日々のニュースを見ていると気が滅入るこの頃である。私たちは、進歩を求める余り、機械に頼り過ぎて、生きものとしての能力を失い、人間としての質を落としてしまったとしか思えないことばかり報道されるからである。時にはこのまま滅亡の道を歩くのではないかと思うことさえある。

しかし、そんなことを言っていてもしかたがない。生命誌は、人間への信頼で成り立っているのだから。最初にも書いたように、大それたことをするつもりはないし、その能力もないのだが、宮沢賢治の言う「ほんとうの賢さ」をもって「ほんとうの幸せ」への道を探し、子どもたちの笑い声が響く社会を作ろうという気持ちをもち、小さな努力を続けようと思う。

「人間は生きもの」というあたりまえのことを基本に置く「生命誌」は、幸い、あらゆる分野の知とつながっている。自然・生命と無関係な知はないからだろう。そのようなつながりを知ることは、さまざまな分野の本を読むところから始まる。その場合、予め方向を決めて体系的に調べるのではなく、時には偶然に、時には人からの推薦などで、これまで馴染みのなかった分野の本と出会うことが多い。著者の長い間の研究成果や新しく生まれたアイデアなど、本というものは、そこにしかない知を一つの塊として伝えてくれる。コンピュータの前に坐れば山ほどの情報が入るらしいが、そのようなものには私はあまり関心がない。

本のなかに、生命誌として考えてきたものを膨らませるアイデアや事実を見つけることができたときは幸せだ。本書は、その思いを小さな文にまとめたものの集まりであり、これを通して生命誌が求めている人間社会のありようが見えてくることを願っている。

取り上げた本のいずれにも現代社会への批判があり、新しい提案がある。気候変動を引き起こすところまで自然を壊し、今もそれを続けている、この暮らし方を見直さなければ未来は危ういのではないかという状況のなかで、戦争を始めるのはあまりにも愚かすぎる。しかも、最先端科学技術による無人機が人の命を奪うというのだから、愚かさは二乗になっている。そこに批判の眼を向けるのは、あたりまえだ。今ではSNSなどでそれを発信することもできるが、短い言葉では非難が浮き彫りになり、よい方向への提案につながることは難しい。本は、多様で複雑な社会現象の全体を見渡し、重要な視点を見つけ、新しい考え方や行動のあり方への提案を示す。それを読み、共に考えることは、情報に溺れそうになる忙しい社会であるからこそ大事なのだ。

ここにあげた本から見えてくることは、地球という星に暮らす生きものとしての人間の生き方である。地球上の自然を征服して欲望を膨らませ続けることは不可能であり、それを求めることは決して幸せな生き方にはなっていないということが示されている。

誰もが、人間という存在を否定的に見てはいない。自然と人間をよく見つめれば、自ずとその本質にあるすばらしさが浮かび上がり、生き方が見えてくるはずだという信念で、道を探す楽しさがさまざまな形で現れている。

人間は面白い存在であり愛すべき存在であるという認識から始まり、一人一人が楽しく生きる社会づくりへの道を探る旅へのいざないになっていることを願っている。

生命誌をつくりあげ、これからの生き方を考えていく上で多くを教えられた本は、ここに取りあげたものの他にも多数ある。まだ出会えていない本にも学ぶことがたくさんあるはずだ。これからも本と向き合う時間を大切にしていきたい。

＊　　＊

本書ができ上がるまでには、いつもと同じように、たくさんの方のお力をいただいた。まずは、取り上げた本の著者にお礼を申し上げなければならない。たくさんのことを学ばせていただいた。勝手な読み方をしているところがあるかもしれないが、お許しをいただきたい。藤原書店の藤原良雄社長は、私の思いを汲み上げて題名をつけて下さった。山﨑優子、柏原怜子、柏原瑞可、甲野郁代さんの編集作業でのお力添えに心からのお礼を申し上げて筆を措く。

二〇二四年十二月

生きることの難しさをこれまで以上
に感じた一年を振り返りながら

中村桂子

著者紹介

中村桂子（なかむら・けいこ）

1936年東京生まれ。JT生命誌研究館名誉館長。理学博士。東京大学大学院生物化学科修了、江上不二夫（生化学）、渡辺格（分子生物学）らに学ぶ。国立予防衛生研究所をへて、1971年三菱化成生命科学研究所に入り（のち人間・自然研究部長）、日本における「生命科学」創出に関わる。しだいに、生物を分子の機械ととらえ、その構造と機能の解明に終始することになった生命科学に疑問をもち、ゲノムを基本に生きものの歴史と関係を読み解く新しい知「生命誌」を創出。その構想を1993年、「JT生命誌研究館」として実現、副館長（～2002年3月）、館長（～2020年3月）を務める。早稲田大学人間科学部教授、大阪大学連携大学院教授などを歴任。2024年、第18回後藤新平賞受賞。
著書に『生命誌の扉をひらく』（哲学書房）『「ふつうのおんなの子」のちから』（集英社クリエイティブ）『生命誌とは何か』（講談社学術文庫）『生命科学者ノート』（岩波書店）『自己創出する生命』（ちくま学芸文庫）『生命の灯となる49冊の本』『こどもの目をおとなの目に重ねて』（青土社）『老いを愛づる』『人類はどこで間違えたのか』（中公新書ラクレ）『いのち愛づる生命誌』『生きている不思議を見つめて』『中村桂子コレクション』全8巻（藤原書店）他多数。

今《いま》 地球《ちきゅう》は？ 人類《じんるい》は？ 科学《かがく》は？
——生命誌研究者《せいめいしけんきゅうしゃ》、半世紀《はんせいき》の本《ほん》の旅《たび》

2025年1月30日　初版第1刷発行©

著　者　中村桂子
発行者　藤原良雄
発行所　株式会社　藤原書店

〒162-0041　東京都新宿区早稲田鶴巻町523
電　話　03（5272）0301
FAX　03（5272）0450
振　替　00160 - 4 - 17013
info@fujiwara-shoten.co.jp

印刷・製本　中央精版印刷

落丁本・乱丁本はお取替えいたします
定価はカバーに表示してあります

Printed in Japan
ISBN978-4-86578-448-0

Ⅳ はぐくむ　生命誌と子どもたち　　解説＝髙村 薫

「子どもを考えることは未来を考えること」。「啓蒙」「教育」でなく「表現」、「人づくり」でなく「ひとなる」として、子どもたちと向き合う。

月報＝米本昌平／樺山紘一／玄侑宗久／上田美佐子

296 頁　2800 円　◇ 978-4-86578-245-5（第 3 回配本／ 2019 年 10 月）

Ⅴ あそぶ　12歳の生命誌　　解説＝養老孟司

「38 億年前に地球に生まれた祖先から生まれた、みんな仲間」。“細胞”“ＤＮＡ”は人間だけではなく、すべての生きものに共通する。この共通項を手がかりに、さまざまに異なり、つながる「生命」の世界を、12 歳に向けてやさしく語る。

月報＝赤坂憲雄／大石芳野／川田順造／西垣通

296 頁　2200 円　◇ 978-4-86578-197-7（第 1 回配本／ 2019 年 1 月）

Ⅵ 生きる　17歳の生命誌　　解説＝伊東豊雄

経済優先・効率優先の現代社会をつくり出してしまった、機械論的世界観を脱して、「生きること」を中心にする社会をめざして、17 歳とともに考える。詩の言葉で科学を語る「まど・みちおの詩で生命誌をよむ」他。

月報＝関野吉晴／黒川創／塚谷裕一／津田一郎

360 頁　2800 円　◇ 978-4-86578-269-1（第 5 回配本／ 2020 年 4 月）

Ⅶ 生《な》る　宮沢賢治で生命誌を読む　　解説＝田中優子

自然を物語る天才、宮沢賢治の物語は、“生きる”を考える生命誌に重なる。様々な問題を抱え、転換点を迎えるこの社会が、“いのちを中心に”動いていけるように。渾身の書き下ろし 250 枚。

月報＝今福龍太／小森陽一／佐藤勝彦／中沢新一　往復書簡＝若松英輔

288 頁　2200 円　◇ 978-4-86578-322-3（第 7 回配本／ 2021 年 8 月）

Ⅷ 奏《かな》でる　生命誌研究館とは　　解説対談＝永田和宏

総合知を創るために！「人間は生きものであり、自然の一部」を美しく表現。科学を、研究するだけでなく、“表現すること”を大事に、“生命誌研究館（バイオヒストリー・リサーチ・ホール）”を構想し、創り、展開した著者の集大成。書き下ろし 400 枚。

月報＝服部英二／舘野泉／石弘之／木下晋

472 頁　2800 円　◇ 978-4-86578-385-8（第 8 回配本／ 2023 年 4 月）

生きている をやさしく語りかける、中村桂子の世界

中村桂子コレクション
いのち愛づる生命誌《バイオヒストリー》

（全8巻）

完結

＊各巻に、著者はじめに、口絵、解説、月報付
＊四六変上製　各巻288〜472頁　**各2200〜2900円**
合計2万1100円

《本コレクションの特徴》
◎単行本未収録の論考、随筆などを集成するほか、多くの書き下ろしで構成した。
◎著者の執筆活動の全体像とその展開を、わかりやすく示す。
◎各巻のテーマにふさわしい解説を附し、著者の仕事を、来たるべき読者に向けて新鮮な視点から紹介する。

（1936−）

■本書を推す■　加古里子（絵本作家）　髙村薫（作家）　舘野泉（ピアニスト）
松居直（児童文学者）　養老孟司（解剖学者）

Ⅰ ひらく　生命科学から生命誌へ　　解説＝鷲谷いづみ

生命を“分子の機械”と捉える生命科学への疑問から創出した新しい知「生命誌」は、ゲノムを基本に、人間も含むあらゆる生物の“歴史”と“関係”を読み解く。

月報＝末盛千枝子／藤森照信／毛利衛／梶田真章

288頁　**2600円**　◇978-4-86578-226-4（第2回配本／2019年6月）

Ⅱ つながる 生命誌の世界　　解説＝村上陽一郎

DNA、ゲノム……生命の起源から未来に向かう“つながる”、人間をふくむすべての生きものの“つながる”を、科学の中からやさしく語る。

月報＝新宮晋／山崎陽子／岩田誠／内藤いづみ

352頁　**2900円**　◇978-4-86578-255-4（第4回配本／2020年1月）

Ⅲ かわる　生命誌からみた人間社会　　解説＝鷲田清一

人間は機械ではなく「生きもの」という“あたり前のこと”が、今、忘れられている。東日本大震災、そして新型コロナウイルス流行を経て、あたり前のことを基本にする社会に向かって。

月報＝稲本正／大原謙一郎／鶴岡真弓／土井善晴

312頁　**2800円**　◇978-4-86578-280-6（第6回配本／2020年9月）